歴史に残る外交三賢人

ビスマルク、タレーラン、ドゴール

伊藤 貫
国際政治アナリスト

677
中公新書ラクレ

歴史に残る外交三賢人◆目次

「統一された強すぎるドイツ」という悪夢
ビスマルクの生い立ち
ビスマルクの複雑な性格
獰猛な秀才
無軌道で放埒な青年期
人生の最重要事項を探し当てる
冷徹鋭利な外交官に変身
ドイツ連邦を支配する墺帝国に反旗を翻す
ビスマルクの用心深い中立主義
国際政治という危険なチェス・ゲーム
親仏路線という賭け
大恩人への「背信」

2章 ビスマルク Ⅱ（1863～70年）

ドイツ統一のための三つの戦争

3章

ビスマルク Ⅲ（1871〜90年）

4章

タレーラン

偉大な忠国外交を成し遂げた稀に見る悪辣な政治家

5章

ドゴール Ⅰ

20世紀の最も傑出した哲人政治家

敗戦のトラウマ
ドゴールの生い立ちと性格
「目に見えない文化的遺産」
「救国の英雄」に大変身
ドゴールの国際政治思想
ドゴールの戦略の最重要事項

図作成・本文ＤＴＰ／市川真樹子

まえがき――リアリスト外交家の教訓

本書は、過去三世紀間の国際政治史において重要な仕事を成し遂げた三人の外交家――ビスマルク、タレーラン、ドゴール――の思想と行動を説明することにより、リアリズム外交の実態を読者に理解していただくことを目的として書かれたものである。リアリズム外交は、バランス・オブ・パワー外交（勢力均衡外交）とも呼ばれる。この外交のパターンは、紀元前5世紀にギリシャのトゥキュディデス将軍が「ペロポネソス戦記」を書いた時から現在まで、基本的に変わっていない。

歴史はバランス・オブ・パワーで動いてきた

古代ギリシャではアテネとスパルタが、お互いの覇権と勢力圏をバランスさせようとして激しく抗争していた。西欧中世期には、経済成長・人口増加・技術革新が停滞していたため、欧州のバランス・オブ・パワー抗争は一時的に鎮静化していた。しかし16世紀後半〜17世紀前半期になると、スペイン・オーストリア・オランダ・ドイツ・北イタリア等を支配する強盛なハプスブルク帝国が擡頭した。この帝国をカウンター・バランスするために、フランス・イギリス・（プロテスタント系の）ドイツ諸侯国・スウェーデン等が苛烈な「三十年戦争」を実行した。

17世紀後半期と19世紀初頭には、ルイ14世とナポレオン皇帝が君臨するフランス帝国が巨大になりすぎたため、英墺普露西が連携してフランスをカウンター・バランスした。そして20世紀の前半期には、ドイツと日本の勢力圏拡大政策が英仏米露四ヵ国の連携によって阻止されている。

21世紀になった現在でも、習近平の中国とプーチンのロシアが、アメリカによる世界支配政策（アメリカによる国際構造の一極化）を阻止しようとして軍事的・外交的に連携している。中露は、正式の軍事同盟関係に入ったわけではない。しかし両国とも、アメリカによる中近東支配・東アジア支配・国際金融支配・通商体制支配・宇宙支配・情報産業支配を切り崩そうとして、必死に闘っている。さらに中露だけでなく、インド、パキスタン、イラン、トルコ、シリア、ハンガリー、チェコ、ポーランド、イタリア、ドイツ、フランス等においても、冷戦後のアメリカが推進してきた世界一極化戦略に反撥して、国際政治と国際経済を多極化しようとする政治勢力が顕在化してきた。

「国際政治において最も強力な覇権国をカウンター・バランスして、勢力均衡の状態を作ろうとする」というリアリズム外交のパターンは、古代ギリシャから現在までの二五世紀間、基本的に変わっていないのである。

聡明な頭脳と卓越した行動力をもった三大外交家

『歴史に残る外交三賢人』として本書で採り上げるビスマルク、タレーラン、ドゴールは、国際政治におけるバランス・オブ・パワーの維持を目的として、自国の外交政策と軍事政策を運営した人物である。彼らは個性的でダイナミックな人であり、知的・文化的にも洗練されていた。三人とも頭が良くて討論能力に長けており、しかも深い思考力を持つ人物であった。彼らはしばしば同時代の「思想の潮流」や「圧倒的な世論」や「既成の政治勢力」に対抗して、バランス・オブ・パワー外交を実践するために孤立を恐れず奮闘した勇敢な外交家であった。

本書の構成は、ビスマルク、タレーラン、ドゴールの順となっている。しかし読者の方は、この順序を無視されてもかまわない。読者がどの人物に関する章を先にお読みになっても、本書は意味が通じるように構成されている。

これら三人のうちで、**最もエンターテインメント・ヴァリュー**（**娯楽的な価値**）**が高いのは**、**タレーラン**であろう。ヨーロッパには、ピカレスク・ロマン（悪漢小説）と呼ばれる文学のジャンルがある。唖然とするような悪事をしでかす悪者を主人公として、その人物の大成功と大失敗を描く波瀾万丈の物語である。タレーランも、スリル満点で波瀾万丈の人生を送った悪人であった。彼は、自分が悪党であることを世間から非難されても平然としていた。そのような「悪辣な政治家」が、ナポレオン戦争後の混乱した敗戦国フランスを救うために大胆な忠国外交を実行したという史実が、まるでピカレスク・ロマンのように面白いのである。

これら三人のうちで、読者の方が**国際政治史を学ぶのに最も役に立つのは**、**ビスマル**

クに関する章である。ビスマルクは歴史上初めて、常に数十（もしくは数百）に分裂していたドイツ民族を統一した大政治家である。しかし彼は、単にドイツ統一という偉業を成し遂げただけの人ではなかった。彼は建国後のドイツを「欧州大陸の最強帝国」に育て上げて、19世紀後半の欧州外交を牛耳ったのである。

欧州諸国が何故、20世紀に悲惨な世界大戦を二度も惹き起こしたのかという事情も、19世紀後半期のビスマルク外交を理解しなければ分からない。20世紀前半期の国際政治の悲劇を理解するためには、ビスマルク外交の知識が必須なのである。

これら三人のうちで、**現在の日本外交の苦境を理解するのに最も役に立つのは、ドゴール**の外交思想と国家哲学である。ドゴールは1960年代から、「国際政治の構造が一極化したり二極化したりするのは不自然である。一極構造や二極構造が長続きするわけがない。国際政治は必ず多極化し、バランス・オブ・パワー外交が復活する」と自信を持って予言していた。冷戦期の二極構造が1991年に終焉し、その後のアメリカの「国際構造の一極化」戦略が明らかに失敗してきたことを観察すると、ドゴール大統領の先見性に驚かされる。

ドゴールはさらに、「アメリカの保護に依存しようとする国は、〝自国の運命を自分で決める〟という責任感を失ってしまう。そのような国の意思決定能力は麻痺してしまう。そのような国家は、知的・精神的な不毛国家となるのだ」と述べていた。

日本が学べる教訓

冷戦後のアメリカ外交は、顕著な失敗を繰り返して国際的な支配力を失ってきた。しかも日本周囲の三独裁国（中国・ロシア・北朝鮮）は、日本とアメリカをターゲットとする核ミサイルを着々と増産してきた。しかし日本の親米保守・護憲左翼の両陣営は、何時《いっ》まで経っても1960年代と何も変わらぬ「対米依存ごっこ」、「非核三原則ごっこ」、「護憲ごっこ」を続けるだけである。

このように知的に停滞した日本を観察すると、筆者は、「ドゴール大統領の「アメリカの保護に依存しようとする国は、〝自国の運命を自分で決める〟という責任感を失ってしまう。そのような国家は、知的・精神的な不毛国家となる」という指摘は、100%正しかったのだ」と感じざるを得ない。**我々日本人が、ドゴールの外交思想と国家哲学から学べる教訓は多い**のである。

敗戦後の日本の外交論壇は、護憲左翼・親米保守・国粋保守という三グループに分かれてきた。これら三グループの外交議論の思考パターンは、真の意味でのリアリズム外交（バランス・オブ・パワー外交）とは無縁のものであった（日本の保守派の言論人には、「タカ派の議論をすることがリアリストだ」と思い込んでいる人が多い。しかし真のリアリズム外交とは、そのように単純なものではない）。本書を読んでいただければ、読者は「**卓越した大外交家のバランス・オブ・パワー外交とは、こういうものだったのか！**」と**納得されるは**ずである。

本書の原稿の多くは、政治思想誌『表現者クライテリオン』に発表されたものである。編集長の藤井聡氏と『クライテリオン』誌の若き編集陣に、謝意を表したい。

本書の編集者である中央公論新社の胡逸高氏は、バランス・オブ・パワー外交のエッセンスを明瞭に理解してくれる優秀な人物である。胡逸高氏の卓越した編集と助言に、深く感謝します。

まえがきの最後に、「本書を妻に捧ぐ」と記すことを、読者の方に御寛恕願いたい。筆者の妻・洋子は、筆者よりもはるかに頭脳聡明であり、しかも温和で温厚な女性である。筆者が好きなように読書や思索に耽る人生を過ごすことが出来たのも、聡明で温厚な妻のおかげである。

伊藤　貫

2020年1月、ワシントン郊外、アーリントンにて

スウェーデン王国
バルト海
リガ
デンマーク王国
コペンハーゲン
ケーニヒスベルク
リュベック
メクレンブルク大公国
ハンブルク
ロシア帝国
ブレーメン
ベルリン
ワルシャワ
ポーランド王国
プロイセン王国
ドレスデン
ザクセン王国
ヘッセン公国
プラハ
ボヘミア王国
バイエルン王国
オーストリア帝国
ウィーン
ミュンヘン
ブダペスト
トランシルヴァニア
ハンガリー王国
チロール
ヴェネチア
イリリア
ロンバルディア
ワラキア
パルマ公国
ボスニア
セルビア公国
黒海
ボローニャ
ダルマチア
ブルガリア
ヘルツェゴヴィナ
教皇領
アドリア海
コンスタンティノープル
ルメリア
ローマ
ナポリ
トルコ帝国
トスカーナ大公国
ルッカ公国
モデナ公国
両シチリア王国
プロイセン王国
オーストリア帝国
ドイツ連邦（1815年）

ウィーン会議後のヨーロッパ（1815年）

スコットランド
アイル
ランド
北　海
イングランド
ハノーファー王国
イ ギ リ ス 王 国
アムステルダム
ロンドン
ネーデルランド
王国
ケルン
大西洋
ブリュッセル
ナッサウ公国
フランクフルト
ルクセンブルク
ブルターニュ
パリ
ロレーヌ
ヴュルテンベルク王国
バーデン大公国
アルザス
スイス
フランス王国
トリノ
マルセイユ
ポルトガル
王国
バルセロナ
コルシカ
マドリード
サルデーニャ王国
イスパニア王国
地中海

バルト海
ケーニヒスベルク
東プロイセン
ポメルン州
西プロイセン
ロシア帝国
ポーゼン州
プロイセン王国
ポーランド王国
ドレスデン
シュレージェン州
プラハ
オーストリア帝国
1815～66年のプロイセン王国
プラハ条約（1866年）以後プロイセンに併合された国
1866年成立の北ドイツ連邦
1866～71年の南ドイツ諸国
フランクフルト条約（1871年）によりフランスより獲得した領土
1871年以後のドイツ帝国の境界

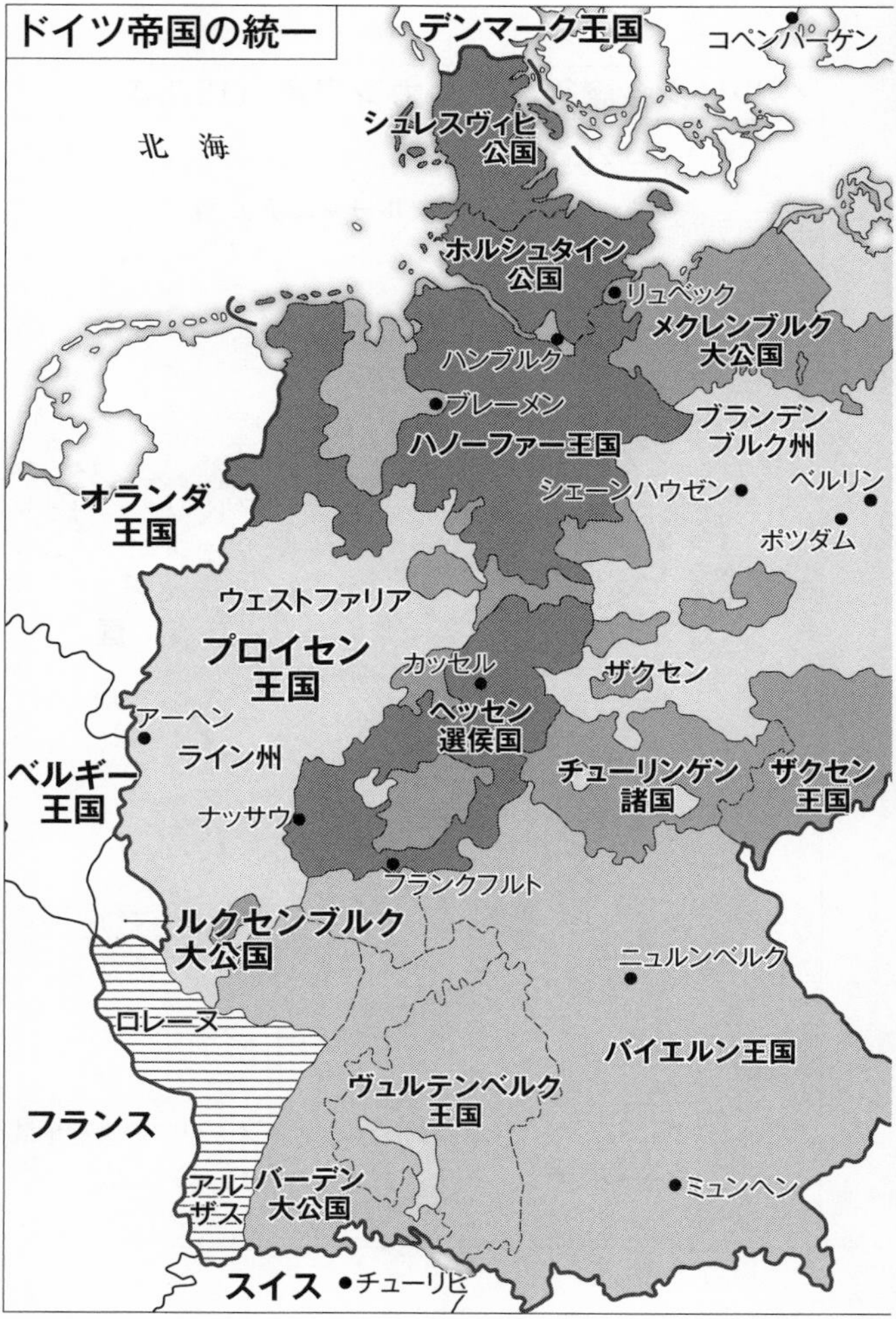
ドイツ帝国の統一
デンマーク王国
コペンハーゲン
北　海
シュレスヴィヒ
公国
ホルシュタイン
公国
リュベック
メクレンブルク
大公国
ハンブルク
ブレーメン
ハノーファー王国
ブランデン
ブルク州
シェーンハウゼン
ベルリン
ポツダム
オランダ
王国
ウェストファリア
プロイセン
王国
カッセル
ザクセン
アーヘン
ヘッセン
選侯国
ライン州
ベルギー
王国
チューリンゲン
諸国
ザクセン
王国
ナッサウ
フランクフルト
ルクセンブルク
大公国
ニュルンベルク
ロレーヌ
バイエルン王国
ヴュルテンベルク
王国
フランス
アルザス
バーデン
大公国
ミュンヘン
スイス
チューリヒ

ベルリン会議後のバルカン半島（1878年）

オーストリア
ルーマニア公国
ドブルジャ
ボスニア
ベオグラード
ブカレスト
セルビア王国
ヘルツェゴヴィナ
ブルガリア公国
モンテネグロ
黒海
ソフィア
東ルメリア
コンスタンティノープル
アドリアノープル
サン・ステファノ
トルコ帝国
マケドニア
エーゲ海
アナトリア
ギリシャ王国
アテネ
クレタ島
ベルリン条約によるオーストリアの管理地域
サン・ステファノ条約（1878年）によるブルガリアの国境

歴史に残る外交三賢人

ビスマルク、タレーラン、ドゴール

引用文中の［　］内は筆者の説明である

1章

ビスマルク Ⅰ（1815～62年）

19世紀後半の欧州外交を支配した大外交家

リアリズム外交とは何か？

本書『歴史に残る外交三賢人』は筆者が尊敬する外交家の中で、リアリズム外交の実践に多大な貢献をした三人の優れた外交家の思考と行動を説明するものである。最初に、リアリズム外交（バランス・オブ・パワー外交）の基礎的なコンセプトを説明しておきたい。この外交の重要なポイントは、以下のものである。

①国際政治の本質は、古代ギリシャ・ローマ時代から現在まで、常にアナーキー——真の強制執行力を持つ「世界政府」「世界立法院」「世界裁判所」「世界警察軍」が一度も存在しなかった無政府的な状態——であった。例えば最近の米中露イスラエルのような核武装した軍事強国が、他国や他民族に対して国際法違反の侵略戦争や戦争犯罪を実行しても、国連総会・国連安保理や世界の諸政府は、その侵略戦争や戦争犯罪の犠牲者（例：イラク、シリア、レバノン、パレスチナ自治区、ウクライナ、チベット自治区）を保護する能力を持っていない。二五〇〇年前も現在も、強力な軍事国が侵略戦争を始めると、誰もその侵略と戦争犯罪を止められない状態である。

このように無政府的で不安定な国際政治状況を少しでも安定させるため、世界諸国はバランス・オブ・パワー（勢力均衡）の維持に努める必要がある。西洋では17世紀中頃から（19世紀初頭のナポレオン戦争を例外として）第一次世界大戦まで、諸大国の外交家は意図的にバランス・オブ・パワーの維持に努めた。そのため欧州諸国は、大戦争の勃発を防ぐことができた。

②過去三〇〇〇年間の国際政治において、世界中の国に共通する文明規範や価値判断や道徳基準は、一度も存在しなかった。アフリカのマサイ族、中央アジアのアフガン人、アラスカのイヌイット、極東の日本人等の価値判断基準は、まったく別のものである。**どの民族、どの文明の価値判断が正しいのか、ということを判断できるのは「神」や「仏」のみであり、自民族中心的な思考のバイアスから逃れられない人間には、不可能な行為である。**

したがって諸国は、自国（自民族）の思想的・宗教的・文明的な「優越性」や「普遍性」等を口実として、他国に対して内政干渉したり軍事介入したりすべきではない。そのような行為は、国際政治におけるバランス・オブ・パワーの維持を困難にするだけである。国際政治に、American Universalism（「アメリカ人の価値判断は、世界中で普遍的なモデルとなるべきだ」と考えるアメリカ中心主義）やグローバリズム、マルクス主義、イスラム原理主義、「國體《こくたい》の大義」「八紘一宇」「中華文明の優越性」等の独善的な理念を持ち込むべきではない。**リアリズム外交に聖戦的・十字軍的な「普遍的正義」や「好き嫌い」の情緒は不要である。**

③諸国の統治者は、国際法、国際組織、国際的な紛争処理機関、軍事同盟関係、集団的安全保障システム等の信頼性と有効性は、限られたものであることを常に意識して行動すべきである。**国際政治の行動主体は nation-state（国民国家）なのであり、国際機関や同盟関係ではない**（つまり、日本の外交と国防の主体は日本政府なのであり、アメリカ大統領のクリントンやオバマやトランプではない。もっともらしい外交理論を並べたてる国連安保理やワシントンDCの政治家の行動が、日本という nation-state による主体的な行動の代用品になるわけではない）。

自助努力（自主防衛の努力）を怠る国家（＝戦後の日本のような国）は、いずれ国際政治の急変事態において脱落国や隷属国となる運命に遭遇する。

以上の三点が、リアリズム外交（バランス・オブ・パワー外交）の重要なコンセプトである。

筆者が本書において「歴史に残る外交三賢人」として最初に採り上げる人物は、1871年にドイツ統一を達成し、ドイツ帝国初代宰相となったビスマルクである。軍事力によるドイツ統一（「鉄血政策」）を成し遂げ、その後ヨーロッパ外交の主導権を握り、ヨーロッパの平和維持に手腕を発揮したビスマルクは生涯、上記①〜③のリアリズム外交を実践した人物であった。

「傲岸な鉄血宰相」の大変身

「**ドイツ建国の父**」ビスマルクは、不思議な人物であった。矛盾の塊であった。彼の複雑な思考と矛盾した性格は、多くの人に誤解・曲解されてきた。そのため過去一五〇年間、彼に対する毀誉褒貶《きよほうへん》は激しかった。ドイツ嫌いの傾向がある欧米のリベラル派やユダヤ系言論人にとって、ビスマルクは「不寛容で権威主義的なドイツ独特の国家主義を作った張本人」であり、「ヒトラーのような独裁者を生み出したドイツの不安定なポリティカル・カルチャーを作った男」であった。その一方で、保守派の言論人や国際政治学者にはビスマルクを絶賛する人が多かった。戦略家のジョージ・ケナン、ヘンリー・キッシンジャー、ケネス・ウォルツ（国際政治学ネオ・リアリズム学派の創立者）等は、ビスマルクを「リアリズム外交の天才」と絶賛している。

1860年代のビスマルクは、大胆・冷酷・狡猾な外交政策により近隣のデンマーク・オーストリア・フランスを次から次へと軍国プロイセン（プロシア）と戦争せざるを得ない立場に追い込んでいった非情で好戦的な外交家であった。しかしこれらの三戦争に勝利してドイツ統一に成功したビスマルクは、あっという間に「慎重で柔軟で反戦的（避戦的）な現状維持派」に転身したのである。過去五世紀の国際政治史において、これほどまでに鮮やかに大変身した外交家は他にいない。プロイセン宰相期（1862〜70年）のビスマルク外交と、ドイツ帝国宰相期（1871〜90年）のビスマルク外交を比べると、まったく別の人物が外交・軍事政策をやっているかのような印象を受ける。それほどまでに際立った変身であった。

欧米諸国において未だにビスマルクに対する毀誉褒貶が激しいのも、そのせいである。

多くのリベラル派にとって、ビスマルクは「無節操なオポチュニスト」であり、「冷酷非情なマキャベリスト」である。しかし保守派（特に国際政治学のリアリスト派）にとって、彼は「軍事力を使うべき時と使うべきでない時を明瞭に峻別する能力があった、稀《まれ》に見る理性的なリアリスト」なのである。過去五世紀間の国際政治をバランス・オブ・パワー（勢力均衡）外交の視点から見るリアリスト派と、政治的なイデオロギーの立場（国際政治を、自由主義と権威主義の闘い、民主主義と軍国主義の闘い、社会主義と資本主義の闘い、といった「主義」によって判断する立場）から見るリベラル派とでは、ビスマルク外交に対する評価が正反対になってしまう。

本書ではこの複雑な外交家ビスマルクを、七つに分けて解説したい。それらは、①**ビスマルクと明治日本**、②**厄介な「ドイツ問題」を創り出したビスマルク**、③**ビスマルクの生い立ちと性格**、④**無軌道で放埒な青年期**、⑤**冷徹鋭利な外交官に変身**、⑥**果敢な武断主義者としてドイツを統一**、⑦**慎重で避戦的な勢力均衡主義者として西欧外交に君臨**、の七項目である。

「傲岸な鉄血宰相」ビスマルクは、実は教養レベルの高いインテリであった。彼はバイロンやシェイクスピアを好み、ウィットに富んだ会話の最中にバイロンの詩やシェイクスピア劇の台詞を原語で（流暢な英語で）巧みに引用して、周囲の人たちを楽しませた談話の名人であった。そして、そのビスマルクの人生自体がByronicでShakespeareanな「激情と苦悶とパラドックスに満ちた壮大な歴史ドラマ」だったのである。

19世紀後半期のヨーロッパに突然、ビスマルクという国際政治の巨人が出現したため、その後の欧州史は根本的に変化してしまった。**1860年代から1890年までのビスマルク外交を理解しなければ、20世紀前半期のヨーロッパ外交の悲劇**（二度の世界大戦）**も理解できない**。その意味においてビスマルク外交を理解することは、過去一世紀半の間の国際政治を理解するために不可欠な事項なのである。

ビスマルクと明治期の日本

明治期の日本は、ビスマルクから巨大な影響を受けている。良い影響と悪い影響の双方である。1873年3月、訪欧中の岩倉使節団はベルリンにおいて、ビスマルク宰相から夕食会に招かれた。伊藤博文と大久保利通も、この使節団に同行していた。その席においてビスマルクは、日本人に以下のようなアドバイスを与えたのである。

諸君は、列強諸国と結んだ不平等条約の改定を目指しておられるという。しかし欧米列強が「日本は、近代的な法制度を整備した」という理由だけで、日本との条約改定に応じるかどうかには疑問がある。国際法は、諸国の権利を保護する不変の取り決めだと言われている。しかし列強諸国は自国の利益になる時は国際法や条約を守るが、自国の利益にならないと思えば、あっさりそれを無視して武力に訴える。諸君、それが国際社会の現実である。欧米列強は礼儀正しく他国と交際しているように見えるが、そんなものは表面的なふるまいにすぎず、実際には弱肉強食が国際関係の真の姿である。

プロイセンも昔は、現在の諸君たちと同様に貧乏な弱小国であった。我々は数多くの屈辱を味わわされた。私はあの頃のことを、決して忘れていない。諸君は国際法や条約のことばかり気にするよりも、富国強兵して実力をつけることに尽力していただきたい。諸君は実力をつけて独立を守るべきだ。そうしないと、列強の植民地獲得競争の餌食になってしまうかもしれない。

岩倉使節団一行は、このアドバイスを聞いて驚いた。彼らはそれまで、欧米諸国の政府高官たちから数多くの助言を聞いてきたが、ビスマルクのように率直に（しかも友好的で快活な態度で）国際政治の現実を説明してくれる列強指導者に会ったのは、初めてのことだったからである。「**近代的な法制度を整備しても日本に実力がない限り、欧米諸国は日本を対等な国として扱わないだろう。諸君は実力をつけることを優先したまえ**」というブルータルなまでに率直なビスマルクの助言は、岩倉使節団を奮い立たせた。

大久保利通はこの会談について、「新興国家ヲ経営スルニハ、ビスマルク侯ノ如クアルベシ。我、大イニウナズク」と書いている。そして大久保は、「我こそ、日本のビスマルクになるのだ！」と発奮したのである。同席していた伊藤博文の反応もまったく同じであった。伊藤もビスマルクに心酔して、「我、日本のビスマルクたらん！」と決意したのである。岩倉使節団に同行しなかった山県有朋までこの話を聞いて、「余も、日本のビスマルクになりたい！」と熱望し、自宅の居間にビスマルクの銅像を飾っていた。明治の元勲の多くが、強烈な「ビスマルク病」に感染したのである。

会談当時のビスマルクは、デンマーク・オーストリア・フランスの三ヵ国をたった七年間で矢継ぎ早に屈服させてドイツ帝国を創立した、という歴史的な快挙から、二年しか経っていない時期であった。ドイツ外交成功の絶頂期であった。そのためビスマルクに会った明治の元勲たちは、「外交政策と軍事政策は、ビスマルクのように大胆かつ攻撃的にやるものだ」と確信してしまったのである。実は当時のビスマルクは、「果敢な武断主義者」から「慎重で避戦的な勢力均衡主義者」に移行している最中であったが、彼はそのことを岩倉使節団に説明しなかった。たとえ説明したとしても、当時の日本人には理解されなかっただろう。バランス・オブ・パワー外交というのは、17〜19世紀の西欧外交史に関する質の高い知識がなければ、理解できないものだからである。

その結果として明治〜昭和期の日本人は、1862〜70年のビスマルク外交には大いに関心を払い、その果敢で武断主義的な戦略を一生懸命に模倣したが、彼のドイツ帝国宰相期（1871〜90年）の慎重に熟慮された巧妙なバランス・オブ・パワー戦略には、ほとんど何の興味も示さなかった。

ビスマルクは1871年1月にドイツ帝国を創立すると、その後は一切の拡張主義的な行動を断念するようになった。1880年代、ドイツ陸軍が世界一強力な戦争能力を獲得して、周囲の大国を撃破して領土を拡大する能力を持つことが明確になっても、〝鉄血宰相〟ビスマルクは、「勝てる戦争をやってはいかん。ドイツに戦争は不必要だ。これ以上戦争に勝っても、ドイツの長期的な国益にはならない」と避戦主義の立場を堅持したのである。二度の世界大戦で強力なドイツ陸軍に叩きのめされた経験を持つフランスのドゴール将軍は、「**ビスマルクが偉大だったのは、彼が自国の戦勝に慢心することなく、「もうこれ以上の戦争は不必要だ」と判断する能力を備えていたことだ**」とビスマルクを称賛している。ナチス・ドイツを打破した米陸軍アイゼンハワー将軍（後の大統領）も、「His wisdom is knowing when to stop.（彼の智慧は、戦争を止める時期を知っていたことだ）」と、武断主義から避戦主義にあっさり転換したビスマルクを称賛している。

ビスマルクの武断主義は理解したが、1871年以降の彼のバランス・オブ・パワー外交を理解できなかった戦前の日本人は、日清・日露の戦勝後も、「もっとやれ、もっとやれ」と更なる〝大日本帝国の拡大〟を目指した。そして、朝鮮併合、青島攻撃、対華21ヵ条要求、満洲占領、中国東北部占領、南京占領、内モンゴル占領、ノモンハン衝突、インドシナ侵攻と、ひたすら周辺国との勢力均衡を壊していく拡張主義的な政策を継続したのである。戦前の日本人は（軍人や右翼だけでなく、大部分の外交官や政治家や言論人も）「Wisdom is knowing when to stop」という智慧を持つ国民ではなかった。

厄介な「ドイツ問題」を創り出したビスマルク

過去一二〇年間、欧米の外交家や軍人には、「ドイツ問題」（The German Problem もしくは The German Question）と呼ばれる困難な課題（頭痛の種！）が存在してきた。「あの厄介な「強すぎるドイツ」を、周辺諸国はどう抑制すればよいのだろうか」という問題である。第一次大戦後のヴェルサイユ体制も、第二次大戦後のＮＡＴＯ（北大西洋条約機構）やＥＣ（欧州共同体）も、「ヨーロッパの最強国ドイツが、二度と暴れださないように拘束しておきたい」という願望から作られたものであった。ＮＡＴＯは、ソ連とドイツを米軍が同時に封じ込めておく（抑えつけておく）ことを目的として作られたものである。ＮＡＴＯ構築時の米軍将校の決まり文句は、「Keep Americans in, Russians out, Germans down」（米軍がドイツ占領を続け、ロシアを西欧に進出させず、ドイツ人を抑えつけておく、という意味）であった。

最近揉めているＥＵ（欧州連合）や共通通貨ユーロの問題も、そもそもは「東西冷戦が終結しても、あの厄介者ドイツを統一された真の独立国にしたくない。「強すぎるドイツ」が独自の外交政策と経済政策を実行できない状態に留めておきたい」という警戒心から生じたものである。冷戦末期にイギリスのサッチャー首相とフランスのミッテラン大統領が東西ドイツの統一を認めることを渋ったのも、「あの危険なドイツ問題が、ヨーロッパで再浮上するのを防ぎたい」という願望からであった。

この欧州諸国の頭痛の種となった「強すぎるドイツという脅威」は、ビスマルクが1871年1月にドイツ統一に成功したために発生した問題である。ドイツが統一する前は、欧州の誰もこの「ドイツ問題」を心配しなかった。統一前には、そもそも「ドイツ」という名前の国は存在していなかったのだから、当然である。ドイツ圏と呼ばれる地域は存在していたが、ドイツと呼ばれる国家は存在しなかった。

中世時代から1871年までのドイツは、常にバラバラであった。ドイツは一度も統一されたことはなかった。10世紀中頃から1806年までのドイツ地域は「神聖ローマ帝国」と呼ばれていたが、中世期の「神聖ローマ帝国」には千数百もの独立した諸侯国と自治都市が所属していたから、統一された国家ではなかった。17世紀の前半期、ハプスブルク帝国の皇帝フェルディナント2世がドイツ圏を統一しようと試みたが、フランスのルイ13世と宰相リシュリューに執拗に妨害されて、統一の試みに失敗した。この苛酷な三十年戦争によって、ドイツ人口の三分の一が死亡している。フランスやスウェーデンはそれほど残忍な仕打ちをしてまで、ハプスブルク家によるドイツ統一を阻止したかったのである。この三十年戦争は1648年のウェストファリア条約で終結し、その後のドイツ圏は約三〇〇の独立した諸侯国と自治都市に分かれていた。ドイツ圏は、地政学的に極めて脆弱な状態に置かれたのである。

17世紀後半期から19世紀初頭まで、列強の覇権闘争によって起きた諸戦争の大部分も、バラバラにされて侵略され易い環境に置かれたドイツ地域で戦われた。ドイツ人は長期間、列強の領土獲得競争の餌食となってきたのである。大部分のドイツ人は、周囲の軍事強国（特に仏墺英露）に侵略されても、ファイト・バックできない状態であった。

19世紀初頭のナポレオン戦争後、この状態を少し改善しようとしたのが、イギリスのカッスルレー外相とオーストリアのメッテルニヒ外相である。彼らは「ドイツ地域が数百もの中小諸侯国に分かれているのは、ヨーロッパにおける勢力均衡システムを不安定なものにしている。これらの中小諸侯国を統合して、もっと安定したドイツ圏を作ったほうがよい」と判断したのである。その結果、1814〜15年のウィーン会議において、ドイツ圏は三五の諸侯国と四つの自治都市に再編された。

中世時代には千数百もあったドイツ圏の諸侯国と自治都市が、17世紀の中頃に約三〇〇となり、19世紀初頭に三九となった。しかしそこまで減ってもドイツ周辺の列強諸国は、「ドイツ圏をバラバラの状態に留めておきたい。ドイツ民族が、近代的な国民国家（nation-state）を創るのを阻止したい」というシニカルな態度であった。19世紀中頃のドイツ人がナショナリズムに燃え上がり、「我々は何時の日か、統一国家を創ってみせる。そして周囲の意地悪な列強諸国を見返してやる！」という願望を抱いたのは、当然のことであった。

19世紀前半期の「ドイツ連邦」によるドイツ統一の阻止

ウィーン会議の五大国会合（英仏墺露普）において、ドイツ圏の三五の諸侯国と四つの自治都市を、「ドイツ連邦」という連合体にまとめることが決定された。これは強力な拘束力を持つ連合体ではなく、中小諸侯国の意向と投票権も尊重される緩い連合体であった。この三九ヵ国のなかで最も強い発言権を持っていたのは、オーストリアとプロイセンであった。

このドイツ連邦は、四つの重要な機能を果たしていた。それらは、①**ドイツ連邦共通の防衛政策を構築することにより、周囲の列強によるドイツ侵攻をふせぐ**、②**ドイツ諸国の統一を阻止することにより、ドイツ民族が周囲の列強諸国に対する攻撃能力を獲得**

することを阻止する、③三五諸侯国の君主制を維持して、ドイツ圏の自由主義・民主主義・民族主義運動を抑圧する、④17世紀からドイツ地域で最もアグレッシブな領土拡大策を実行してきたプロイセンを、ドイツ連邦の内部に閉じ込めておく、というものである。

ドイツ連邦は、実にクレバーな外交システムであった。この連邦の存在により、仏露両国はドイツ圏に侵攻することができなくなった。しかも、ドイツ諸国が合併統合して新しい大国を創ることも阻止できた。そしてメッテルニヒ墺宰相がドイツ圏内において最も警戒していた軍事強国プロイセンを封じ込めておく道具としても、このドイツ連邦は有効に機能したのである。ドイツ連邦は、欧州の現状維持を望んでいたオーストリア帝国と大英帝国にとって、実に便利な連邦制度であった。

１８１５年から４８年まで、このドイツ連邦の実質的な指導者として君臨したのは、メッテルニヒである。メッテルニヒはこの連邦を支配することにより、ドイツ圏の統率力を握った。そしてこのドイツ連邦と「神聖同盟」と呼ばれた墺露普の三君主国同盟を巧みに操ることによって、ヨーロッパを支配したのである。このため19世紀前半期の欧州外交は、しばしば「**メッテルニヒ・システム**（ウィーン体制）」と呼ばれた。

ビスマルクは1851年、プロイセンを代表する大使としてこのドイツ連邦議会に派遣された。彼はドイツ連邦が、「プロイセンを封じ込めておく」そして「ドイツ圏の統一を阻止する」という二つの役割を果たしていることを発見して驚愕し、激しく反撥した。そして闘争心満々であった若き外交官ビスマルクは、「僕が、このメッテルニヒ・システムを破壊する。ドイツ連邦を解体して、プロイセン指導下にドイツを統一してみせる！」と決意したのである。

そして彼は、それを実現するためのシナリオを幾つも考え始めた。毎日、毎日、そのことばかり考えていた。そして1860年代になると、自分が考案した統一構想のために諸戦争を実行し、1871年にドイツ帝国を創立したのである。**西ローマ帝国崩壊後、常にバラバラでつまらぬ内輪揉めばかり繰り返していたドイツ民族を、史上初めて統一したのである。**ビスマルクは「ドイツ建国の父」となった。

「統一」された強すぎるドイツ」という悪夢

皮肉なことに、ドイツ民族が史上初めて nation-state を創ったという偉業によって、その後の国際政治システムは顕著に不安定なものとなった。多くの外交史家が、「ドイツの統一がなかったら、第一次世界大戦と第二次世界大戦は起きていなかっただろう」と指摘している。統一されたドイツのアグレッシブで挑戦的な政策が、Germanophobia（強すぎるドイツに対する恐怖症）に罹《かか》った英仏露三国を、二度の世界大戦に追い込んでいったからである。

17～19世紀の欧州外交には、〝バランサー〟と呼ばれる国が存在していた。欧州地域のバランス・オブ・パワー（勢力均衡）体制を、意図的に維持しようとする外交を実行する国のことである。通常、このバランサーの役割を務めた国はイギリスであった（オーストリア、フランス、ロシアが、バランサーとして行動した時期もある）。

イギリスは島国であり海洋国であったから、「何時《いつ》、欧州大陸の紛争に介入するか？何時《いつ》、不介入政策を採るか？」ということを、選択する自由を持っていた。例えば欧州大陸にA、B、C、Dという四大国が存在するとしよう。A国が強くなりすぎてBCD諸国を圧倒するような勢いを示した時、イギリスはBCDの味方をしてA国による覇権確立の動きを阻止し、欧州のバランス・オブ・パワーを維持した。そしてB国が強くなりすぎた場合には、イギリスはACDの味方をして、B国を牽制した。勢力均衡システムというのは、イギリスのように意図的にバランサーとして行動する意志と能力を持つ国が存在していないと、長期的に維持するのが難しい体制なのである。

†過去二〇〇〇年間のアジアには、このようなバランサーとして行動する国は存在しなかった。したがってアジア人の大部分は、バランス・オブ・パワー外交に対して鈍感である。日本の戦前の中国大陸占領行為は、日本を包囲する米中露・三覇権国をすべて同時に敵に回してしまう外交であったから、イギリスの伝統的なバランス・オブ・パワー政策とは正反対のものであった。

しかし1871年にビスマルクがドイツ民族を統一したことで、イギリスはバランサーとして行動する能力を失ったのである（当時の墺露両国は、すでにバランサーとして行動する能力を失っていた）。統一国家を創設した後のドイツの経済力・軍事力・科学技術力の発展は、目覚ましいものであった。例えば軍事力に直接のつながりを持つドイツ重工業の生産力は、1880年にはイギリスの重工業生産力の三分の一しかなかったが、1910年には、イギリスより25%も大きくなっていた。たった三〇年間で、英独の工業力は大逆転したのである。ドイツ陸軍は1871年、すでに世界最強の陸軍であったが、ビスマルクが引退した1890年には、仏露両国の大規模な陸軍を同時に敵とする二正面作戦を敢行できる能力を獲得していた。

17世紀から19世紀中頃までの欧州において、イギリスがしばしばバランサーとして行動できたのは、1871年以降のドイツのように巨大な工業力と軍事力を持ち、有能で勤勉な国民をいつでも大量動員できる国家が存在していないことが前提条件であった。過去千数百年間、常にバラバラの状態であった優秀で規律正しい（そして、時に傲慢で独善的な）ドイツ民族が統一国家を建設したことによって、ウェストファリア条約やウィーン会議において諸大国が苦労して作った勢力均衡システムが、徐々に機能不全の状態に陥っていったのである。

ビスマルクの創った統一ドイツは、明らかに強すぎる国家であった。中世時代から1871年まで脆弱な立場にあったドイツ民族が、短期間のうちに、「国際政治の被害者民族」という立場から「他国を恫喝して屈服させる能力を持つ最強民族」に変身したのである。突然、最強国家になった統一ドイツによって、欧州に厄介な「ドイツ問題」が発生したのは当然の成り行きであった。

1870〜90年のドイツ指導者の中で、「統一されたドイツは、そのうち厄介な国際問題を作り出すだろう」と認識していたのは、宰相ビスマルクだけであった。**大胆で**

強引な外交と戦争によって「強すぎるドイツ」を創った張本人が、「今後のドイツは、外交と軍事で大失敗する可能性がある」と予感していたのである。ドイツ人というのは時に、周辺の諸民族の価値観や情緒に対して鈍感で高慢な態度をみせる民族である。しかし英仏独ラテンの四ヵ国語に堪能で、外国の文学書や歴史書を原書で読むのが大好きだったビスマルク（獰猛で厚顔なくせに、鋭敏な感受性を持っていたビスマルク！）は、ドイツ民族の思考力の硬直性と視野狭窄症を理解していたのである。

ビスマルクがドイツ統一後、あっという間に今までの「**強気の武断主義外交**」を**捨てて「慎重な避戦主義外交」に転身した**のは、そのためである。彼は、自分が創った「強すぎるドイツ」が、周辺諸国に反独感情（Germanophobia）を植え付けることになり、仏英露等の諸国がいずれ反独的な連合を作る可能性を予想していたのである。ビスマルクはこの反独的な連合を「le cauchemar des coalitions（悪夢連合）」（ル・コシュマール＝悪夢）と呼んでいた。ほとんどのドイツ国民が、デンマーク・オーストリア・フランスをドイツ軍が矢継ぎ早に叩きのめした大成功に有頂天になっていた時、人前ではいつも自信満々の態度を崩さなかった宰相ビスマルクだけが、「これはいずれ、まずいことになるぞ。ドイツ外交は悪夢だ、コシュマールだ」と感じていたのである。

その結果、1870年代と80年代のビスマルク外交は、仏露英墺伊五ヵ国に反独的な連合を作らせないための辛抱強くて柔軟で機敏な外交アクロバットの連続であった。この時期の欧州外交はビスマルクによって牛耳られていたため、外交史家はこの時期の外交を「**ビスマルク・システム**」と呼んでいる。「メッテルニヒ・システム」を大胆に叩き壊した荒武者ビスマルクが、その後の「悪夢の反独連合」を心配して、防御的で避戦的な「ビスマルク・システム」を創ったのである。〝リアリズム外交の天才〟ビスマルクでなければできないブリリアントな大転換であった。

†1890年、虚栄心と覇権欲に満ちたドイツ新皇帝・ヴィルヘルム2世は、老宰相ビスマルクをクビにした。そしてこの「若々しくて、ハンサムで勇ましい」新皇帝は、露仏英三国に露骨に挑戦する外交を開始した。これに対抗して仏露両国は、反独的な軍事同盟を作った。後にイギリスもこれに参加し、英仏露は反独的な三国協商を構築した。ビスマルクがあれほど心配していた「le cauchemar des coalitions」が、現実のものとなったのである！　その後、ヴィルヘルム2世は墺露の衝突を理由として第一次世界大戦に参戦し、ビスマルクが苦労して創ったドイツ帝国を破綻させた。

以下に、①ビスマルクの生い立ち、②彼の性格と特異性、③無軌道で放埒な青年期、

④**冷徹鋭利な外交官としての活躍**、という四項目を解説したい。時期的には1815年から62年までの期間である。

ビスマルクの生い立ち

ドイツ民族を史上初めて統一したオットー・エドゥアルト・レオポルト・フォン・ビスマルクは、1815年4月、プロイセン王国の中級貴族の家庭に生まれた。いわゆるユンカー階級（領主貴族）である。ビスマルク家は五世紀間も続いた由緒ある家系であったが、タレーラン（4章）やメッテルニヒのような傑出した大貴族の家系ではなかった。ビスマルク家は国王家と交際したりすることのない、知的視野が狭くて質実剛健なごく普通の田舎貴族であった。

ビスマルクの父、フェルディナント・フォン・ビスマルクは体が大きく、単純で正直で鷹揚な性格の人であった。政治や文化に関心はなく、教養レベルは高くなかった。彼はどちらかというと怠惰な人物であり、自分の領地の経営に熱心ではなかった。第四子としてこの家庭に生まれたオットー・フォン・ビスマルクは親切で温厚な父が好きであったが、それと同時に父の凡庸で消極的な性格に不満を感じていた（ビスマルクは第四子であったが、二人の兄が早世したため実質的には次男であった）。

ビスマルクの母、ヴィルヘルミーネ・メンケンは平民階級の出身である。彼女の父は著名な学者であり、ベルリン大学の法学部教授やプロイセン国王の内閣秘書官長を務めた敏腕の秀才であった。ベルリンのファッショナブルな知識人階層に育ったヴィルヘルミーネは、家系こそユンカー階級より「下」であったが、見識や知的能力や交際関係においては、田舎の領主貴族たちよりもはるかに洗練された人であった。彼女は夫のフェルディナントに対して、真の愛情や敬意を感じることがなかった。競争心と虚栄心が強いエリート主義者であったヴィルヘルミーネが尊敬したのは、彼女の父のように優秀な頭脳を持つ都会的で知的視野の広い学者や知識人であり、夫のような知的好奇心に欠けた鈍重な田舎領主ではなかったのである。

そのためヴィルヘルミーネは、頭が良くて才気煥発な息子オットーに期待するようになった。田舎者の夫に失望すればするほど、息子に対する期待感が高まっていった。彼女は、息子オットーを「プロイセンで（そしてドイツ圏で）第一級の傑出した教養人や思想家に育てたい。自分の父親のような政府高官にしたい」という野心を抱くようになった。ヴィルヘルミーネは、18世紀後半期の啓蒙思想と理性崇拝主義の影響を強く受けた「意識の進んだインテリ女」であった。「時代遅れの迷信的なキリスト教」を信仰するより、「理性的な改革による人類の啓蒙と進歩」を信じる女性であった。

息子の出世と成功をひたすら願う熱心な「教育ママ」ヴィルヘルミーネは、オットーが6歳になると田舎の領地を離れてベルリンに引っ越し、息子を「開明的なスパルタ教育」を実施する全寮制の小学校に入れた。ビスマルクは、「この学校は監獄だった。私はここを憎悪した」と回想している。この小学校の後、ビスマルクはベルリンで最高レベルの二つの名門校（ギムナジウム）で六年間の教育を受けている。プロイセン貴族や学者や高級官僚の子弟を集めたギムナジウムの知的レベルは高かった。しかし体が大きくて反抗的な暴れ者であったビスマルク少年の、教師間の評判は芳しくなかった。彼は頭は良いが、授業を馬鹿にして真面目に勉強しようとしない怠惰で気まぐれな生徒だったのである。生来、ウィットに富み話題が豊富であったビスマルク少年にとって、ドイツの厳格で権威主義的な教育システムは息苦しいものであった。

窮屈な学校教育に反抗したビスマルクであったが、読書は大好きであった。外国語習得の能力が優れており、17歳の時にはすでに英書・仏書・ラテン書を気軽に通読できるようになっていた。ドイツ語とフランス語で文章を書く能力も抜群であった。本稿を書く準備として、筆者はビスマルクのフランス語の手紙や評論、そして英訳されたドイツ語の手紙や報告書を読んでみたが、彼の生き生きとした多彩な表現力とスパッと問題の核心を突く明晰《めいせき》で力強い思考力に圧倒された。「やはりビスマルクは只者ではないな。若い頃から、これほどまでに優れた表現力と思考力を顕《あらわ》す文章を書く能力を持っていたのだ」という印象を受けた。

ビスマルクがドイツ帝国宰相になってから、ロシア皇帝、オーストリア宰相やイギリス首相に宛ててフランス語で書いた外交政策に関する書簡や報告書は、同時代のフランス政府の外交官や政治家が書いた文章よりも巧みであり、力強い説得力を持っている。ビスマルクが１８７１年から９０年までの欧州外交を牛耳ることが出来た理由の一つは、彼のこのように優れた文才とずば抜けた説得力にあった。ビスマルクは19世紀後半期の欧州の歴史を書き替えた大政治家となったが、もし彼が政治家でなく文筆家になる途を選んでいたら、きっとヴィクトル・ユゴーやアレクサンドル・デュマのような精力的な文豪になっていただろう。彼にはそれほどの文才、それほどの表現力と構想力があったのである（ビスマルクは40歳代の中頃、三年間駐露大使を務めて、ロシア語の文章も書けるようになった。彼はロシア語も好きであった）。

ビスマルクの複雑な性格

ビスマルクの優秀な頭脳は、母ヴィルヘルミーネから受け継いだものであった。ギムナジウム卒業後、当時のドイツ圏で最高の大学であったゲッティンゲン大学とベルリン大学で法学と政治学を勉強することができたのも、母の教導による。ビスマルクは少年期からドイツで最高レベルの教育を受けたことを、「教育ママ」ヴィルヘルミーネに感謝すべきであった。ところが少年・青年時代のビスマルクは、母を憎悪していたのである。彼は教育熱心な野心家である母に対して、深い恨みを抱いていた。「母親は厳格であり教育熱心であったが、自分を一度も愛してくれなかった。僕は母親の愛情を感じることなく育った」という怒りと恨みである。母の家系から優秀な頭脳を受け継いだビスマルクは、凡庸で無教養で単純な父親を好み、競争心が強く「知的で進歩的なインテリ女」であった母親を憎んで育ったのである。晩年、ビスマルクは、「私は母を憎んでいた。そのため母に嘘をついて、彼女を騙すことを覚えた」と回想している。秀才で才気煥発な暴れ者であったビスマルク少年は、母性愛に欠けた母親の冷酷な性格を痛切に恨んで育った屈折した孤独な少年だったのである。

そのためビスマルクは、「インテリ嫌いのインテリ」、「コスモポリタニズムやリベラリズムを軽蔑するコスモポリタン的な教養人」という矛盾した人物になった。彼は知識人グループと活発に談笑する優れた知的能力を備えていたが、本音レベルでは知識人階層を軽侮していた。彼は上級貴族やユンカー領主たちと仲良くしていたが、本音ではこれらプロイセン上層階級の思考力の硬直性と知的怠惰を軽蔑していた。西欧外交史に詳しいジョージ・ケナンとヘンリー・キッシンジャーはビスマルクのことを、「非常に複雑な性格の人だった」と描写している。ケナンによると、「ビスマルクは実は、ドイツ・ナショナリストではなかった。彼は自国の帝国主義に対しても他国の帝国主義に対しても、何の共感も持っていなかった。基本的に彼は18世紀的な価値観と世界観を持った人物であり、19世紀後半期の西欧人に対して違和感を持っていた」。

キッシンジャーは、「ビスマルクはドイツ文明の二重性格を体現していた」と言う。ドイツ文明は多数の優秀な学者・思想家・芸術家を生み出してきた高度に洗練された文明であるが、それと同時に、しばしばゲルマン蛮族的な侵略性と野蛮性を発揮してきた。このドイツ文明の「矛盾した二重性格」をビスマルクは体現していた、というのである。キッシンジャーはさらに、「ビスマルクは本質的に孤独な人であった。彼は同時代人から理解されなかった。そして彼の死後、彼はますます誤解されるようになった。世間では、「ビスマルクはパワー・ポリティクスの権化だ」と看做されている。しかし実際のビスマルクは、パワーを崇拝したり政治イデオロギーによって動かされたりするような単純な人ではなかった」と述べている。

獰猛な秀才

歴史家のなかには、「感情の起伏の激しかったビスマルクは、躁鬱病（もしくはBipolar Disorder）ではなかったか？」と推測する人もいる。19世紀は、精神医学が未発達な状態であったから、ビスマルクが「精神障害」もしくは「神経症」であったかどうか不明である。しかし彼が極めて感情的・情緒的な人であり、激情に駆られてしばしば奇行をなす人であったのは事実である。彼は長期間にわたって猛然と大量の仕事をこなしたかと思うと、突然（原因不明で）誰とも口がきけなくなるほど消耗し、田舎の領地に帰って自宅の寝室から一歩も出てこなくなることがあった。しかもそのような「鬱状態」の時期が、数ヵ月（最悪の時は一〇ヵ月）も続いたのである。彼は生まれつき天才的な気質の人であったから、しばしば「天才と狂気は紙一重」的な振る舞いをした。

ビスマルクは闘争心が強く、激昂しやすく、しかも感傷的で涙もろい性格であった。彼はバッハやシューベルトを聴くと感動して涙ぐみ、嬉しいことがあると感涙にむせび、失望すると人前も憚らず大声で慟哭した。プロイセン国王ヴィルヘルム1世（後のドイツ皇帝）と意見の違いから口論になった時には、議論の最中に興奮のあまり嗚咽したり、「陛下が私の意見を聞き入れてくださらないのなら、窓から飛び降ります！」と国王を脅迫したりした。ヴィルヘルム1世は際立って有能なビスマルクを重用したが、「ビスマルクのような人物の下で皇帝を務めることが、どれほど大変なことか、他の人たちには理解できないだろう」と愚痴をこぼしていた。ビスマルクの部下となった者の多くは、ビスマルクの気分の激変と自己主張の強さに悩まされたが、ビスマルクの上司（＝皇帝）を務めるのも大変だったのである。

ビスマルクは巨漢であった。身長は190センチ、体重は120〜130キロもあった。大食漢であり、人の三倍（時には四倍）も食べた。70歳を過ぎても、人の二倍食べていた。一度に卵を一五個食べたり、牡蠣を一七五個も食べたりした。酒の飲み方も豪快で、ワインやビールに大量のウォッカやブランデーを混ぜて飲んでいた。19世紀ヨーロッパ外交に君臨した「文才に富むコスモポリタン的教養人」であったビスマルクは、まるで野生のイノシシのように猛然と食物に食らいつき、クジラのようにガブガブと大量の酒を飲むゲルマン的野蛮人だったのである。ビスマルクは、不気味な秀才であった。

無軌道で放埒な青年期

ビスマルクは17歳でゲッティンゲン大学に入学し、二年後にベルリン大学に移籍した。大学では、著名な法学者の娘であった母の希望に従って法律と政治学を専攻したが、学業には極めて不熱心であった。彼はドイツの権威主義的アカデミズムに反撥して大学の講義にはほとんど出席せず、勝手に歴史書、文学書、思想書等を読み漁っていた。気の合う学生同士で、知的な議論をするのが好きであった。大学の同期生は、「彼の中には、まるで「二人のビスマルク」が存在しているようだった」と回想している。

親しい友人たちと政治や歴史や思想について話をする時のビスマルクは、冷静であり明朗であり、紳士的な態度で明瞭かつ論理的な議論をする好青年であった。しかしこれら少数の親しい友人から離れて、学生街に遊びに出かける時のビスマルクは、まったくの別人であった。彼は派手で奇矯な服を着て、目立つ拍車の付いた長いブーツを履き、大きなサーベルを腰に差して威張った態度で酒場街をズカズカとのし歩き、酒を浴びるように飲んで些細なことで大喧嘩してみせる「札付きの不良学生」だったのである。フェンシングが得意だったビスマルクは、三年間で三五回も決闘事件を引き起こしている。時には双方の剣士がいきり立って、単なるフェンシングでは終わらず、真剣で腕や顔を切りあう流血沙汰になったこともある。当時の学生の評判によると、「ビスマルクは、ドイツの諸大学の歴史において最も頻繁に決闘沙汰を起こした学生」であったという。まるで狂犬のような学生であった。さらに博打《ばくち》にも熱中し、多額の借金を背負う羽目になった。謹厳な学者の家庭で育った「進歩的なインテリ女」「厳格で冷酷な教育ママ」ヴィルヘルミーネは、息子の奇矯で放埓な行状に深く失望した。

派手に遊びまわるだけの学生時代を過ごしたビスマルクだったが頭脳は優秀であり、1835年、20歳の時にプロイセン政府の司法官僚試験に合格している。しかし裁判官補佐職に就いたビスマルクは数ヵ月で、「司法官僚は僕の性に合わない」と辞職してしまった。翌年、今度は行政官僚試験に合格したが、最初に配属されたアーヘン県庁での仕事を真面目にやろうとせず、毎晩、お洒落して社交界に出入りすることに熱中していた。しかも同地に滞在していた英国国教会主教の娘に恋慕し、彼女が他の都市に移住すると、自分も仕事を放り出して彼女を追いかけていった（しかしこの女性には、ふられてしまった)。無許可で職場を三ヵ月も欠勤したビスマルクは、当然、役所をクビになる運命にあったが、「ポツダム県庁に移籍する」という口実を作ってアーヘン県庁から離れ、さっさと行政官吏の職を辞めて、軍隊に志願入隊してしまった。

しかし陸軍少尉として一年間勤務した後、彼は軍隊もあっさり辞めてしまった。軍隊も役所と同様、肌に合わなかったのである。

†ビスマルクは1862年にプロイセン宰相になった後、1890年にドイツ帝国宰相を辞めるまで、人前に出る時はいつも軍服を着用していた。勇ましい軍服を着て、まるでドイツ軍国主義の権化であるかの如き威厳あるポーズをとっていた。しかし現実のビスマルクは若い頃から、軍人嫌いだったのである。彼がいつも軍服を着ていたのは、それが国民に受けたからである。パブリック・イメージに敏感であったビスマルクは、「不退転の剛胆な鉄血宰相」という政治的イメージを必要としていた。そのための小道具として、軍服は便利であった。

彼が軍人を嫌ったのは、プロイセン軍人の視野の狭さと思考力の単純さのためである。奇矯で乱暴で直情径行的な行動パターンにもかかわらず、ビスマルクは本質的に深い思考力を持つ教養人・知性人であった。英文学やフランス文学が好きで、明晰で論理的な議論を好むビスマルクは、他の欧州諸国の歴史や文化も知らないくせに威張った態度で好戦的な理屈をわめき散らす軍人たちを、軽蔑していたのである。ビスマルクは23歳の時に軍務を離れたが、**75歳で帝国宰相を辞任するまで、常に軍部高官の大部分と対立していた。**彼は「軍人不信の鉄血宰相」だったのである。

人生の最重要事項を探し当てる

大学卒業後、司法官僚、行政官僚、軍人の職をそれぞれ一年（もしくは、たった数ヵ月）であっさり辞めたビスマルクは、父と兄が管理する故郷の領地に戻った。彼は役人も軍人も性に合わないと悟り、典型的なユンカー領主として農場を経営することにしたのである。ちょうど同じ時期に、ビスマルクの出世をあれほど望んでいた母が癌で死亡した（母が生存中、ビスマルクは実家の領地に戻りたがらなかった）。当時のビスマルクは、「僕はオーケストラの単なる演奏者になるつもりはない。僕は指揮者になるのだ」とか、「他人の作った音楽を演奏するつもりはない。僕は自分の音楽を自分で作って、それを演奏するのだ」などと語っていた。

その後、24歳から32歳までのビスマルクは、単なる田舎のユンカー貴族であった。彼は領地経営の仕事を上手にこなし、農場の利益を増加させた。そして、経済的余裕のある生活基盤を築いた。しかしベルリンの政府高官や知識人階層の中で育てられたビスマルクにとって、田舎領主の生活は絶望的なまでに退屈であった。話が通じる友人がみつからず、孤独であった。彼は近所のユンカーと一緒に酒を飲んで「愉快に大騒ぎ」するふりをしたり、狩猟したり本を乱読したりする生活を送っていたが、自分の人生で何を目的としてよいのか分からなくなり、絶望していた。しばしば奇矯で乱暴な行動をとったので、地元では「狂暴ユンカー」というあだ名を付けられてしまった。

しかし1847年、そのような退屈と孤独からビスマルクを救う二つのことが起きた。一つは結婚である。ビスマルクは、結婚したがっていた。体力強壮で傍若無人な暴れ者であったビスマルクは、実はセンチメンタルな人物であり、女性の愛情に支えられることを心理的に必要としていた。「僕は母に一度も愛してもらえなかった」と確信していたビスマルクは、母親とは正反対のタイプの女性を探し求めていた。そして彼は32歳の時、信仰心が深く、慎ましくてシャイで真面目なユンカー階級の女性を妻とすることに成功したのである。妻ヨハンナは美人ではなく、頭脳優秀でもなかった。しかし彼女は一生涯、ビスマルクを献身的に愛してくれた。そして彼女は、不安定で激情に駆られやすいビスマルクを、精神的に安定させてくれたのである。

もう一つは代議士就任である。これはほとんど偶然の出来事であった。プロイセン国王は1847年、第一回連合州議会という議会を開催したが、その議会に正規の議員として選ばれた人物が早期辞任したので、補欠候補となっていたビスマルクが議員に昇格したのである。そしてこの議会に参加して、ビスマルクは生まれて初めて「僕の本当の生き甲斐は、政治なのだ！」と実感することができたのである。前年まで、人生で何をしてよいのか分からず孤独と絶望に悩まされ、ふて腐れて暴れていたビスマルクが、突然、「献身的な妻の愛情」と「生き甲斐」という人生の最重要事項を獲得した。その後のビスマルクは、猛然と仕事に突進するようになった。

冷徹鋭利な外交官に変身

ビスマルクが新米議員となって数ヵ月後に、1848年の革命が発生した。2月にパリで始まったこの革命騒ぎ（二月革命）は欧州諸国の首都に飛び火し、3月にはベルリンも騒乱状態となった（三月革命）。プロイセン国王フリードリヒ・ヴィルヘルム4世は革命騒ぎにどう対応して良いのか分からず、うろたえて中途半端な譲歩を繰り返すだけであった。意思決定不能状態となった政府軍は、反乱軍と戦うことすらギブアップしてしまった。

政治家になったばかりのビスマルクは、国王のこの不甲斐ない態度に憤慨して、領地からベルリンに馳せ参じた。そして国王家に、「私の領地の農民や職人たちに猟銃で武装させて、民兵隊を作りました。彼らは現在、ベルリンへ向けて進軍中です。私が指揮を執りますから、一緒に闘って反乱軍を撃滅しましょう」と申し入れたのである。まるでドン・キホーテである。しかしビスマルクは本気で、「軟弱な国王に活を入れて、僕がプロイセン王国を救うのだ」と発奮していたのである。子どもの頃から喧嘩が大好きだった乱暴者のビスマルクにとって、ワクワクする事態であった。彼は、「国王に対して謀反を試みる不忠者どもを相手に、ついにユンカー騎士道を実践してみせるチャンスが来た!」と奮い立っていた。

しかし戦意を失っていたプロイセン王家は、〝ビスマルク義勇軍〟の参戦の申し出を辞退した。その後数ヵ月間ベルリンでは、革命を支持する自由主義者・民主主義者・民族主義者と、王家を支持する貴族・軍人・正統主義者のせめぎ合いが続いた。しかし徐々にパリでもウィーンでもベルリンでも、反革命派が勢力を回復していった。そしてベルリンにおいて「王をお守りする忠臣集団」として最も強力になったのが「カマリラ」（影の内閣）とか「Aristocratic Ultra」（超保守派貴族）とか呼ばれた国粋派の集団であった。ビスマルクはこの「ウルトラ貴族」集団で、「最も行動力がある頭脳明晰な若手の闘士」という評判を得るようになった。

１８４８〜５０年の三年間、ビスマルクは闘志満々の（しばしば奇矯な）「ウルトラ保守派」の国会議員として行動した。新たに召集されたプロイセン衆議院において、議員の大部分は立憲政治を望む自由主義的ブルジョワと、自由主義陣営との妥協を求める穏健派貴族であった。しかし少数派の「ウルトラ貴族」グループに属したビスマルクは、16〜18世紀的な王権神授説とキリスト教原理主義を基盤とするプロイセン國體主義を主張し続けた。彼は国民主権、民主主義、自由主義、議会政治を罵倒・嘲笑し、時には当時のドイツ人の〝悲願〟となっていたドイツ民族統一構想まで批判した。ビスマルクは、プロイセン王家に忠誠を尽くす「時代錯誤の極端な反動主義者」として行動したのである。

†筆者にとってこの三年間のビスマルクは、彼の四三年間の政治家・外交家としての経歴の

中で最も魅力に欠ける時期である。ビスマルクは常に、深い思考力と冷静で複眼的な視野を持つ人物であった。しかしこの三年間だけは、まるでカリカチュアのような「単細胞の反動右翼」として行動していた。しかし彼は1851年に外交官に転身すると、深い思考力を発揮する冷徹な戦略家にさっと変身してしまった。1848~50年のビスマルクは、どこまで本気で王権神授説や中世的なキリスト教原理主義を信じていたのだろうか？　田舎貴族としての退屈な生活からやっと脱出して、「人生劇場」での冒険と栄進を急いでいたビスマルクは、「国粋的なウルトラ保守」のお芝居をしていたのではなかろうか？

当時のプロイセン政府の二大実力者は、マントイフェル首相とゲルラッハ中将（国王側近の軍事顧問）であった。二人とも16~18世紀的なプロイセン國體主義の信奉者であった。特にゲルラッハ中将は、ビスマルク議員の「ウルトラ貴族」的な政治行動の熱心な支持者であった。そして1851年、フランクフルトに置かれているドイツ連邦議会に派遣するプロイセン代表（大使職）を決める必要が生じた時、外交経験が皆無のビスマルクをこのポストに任命することを決めたのもゲルラッハであった。外国語が得意で外国文学を愛読していたビスマルクは、21歳の時から「いずれ外交官になりたい」という希望を抱いていた。そしてビスマルクは、「国王最側近ゲルラッハ閣下の、お気に入りのウルトラ保守ユンカー騎士」として三年間精勤することにより、ドイツ連邦議会においてプロイセン代表を務めるという重要ポストを獲得したのである。

ドイツ連邦を支配する墺帝国に反旗を翻す

すでに説明したようにドイツ連邦とは、1815年のウィーン会議で設置されたドイツ圏統治のための機構である。これはハプスブルク（墺）帝国を議長として、三五のドイツ諸侯国と四つの自治都市によって構成されていた。このドイツ連邦の最も重要な役割は、①ドイツ連邦共通の防衛政策を構築して、仏露によるドイツ侵攻を防ぐ、②三五諸侯国の君主制を維持し、ドイツの統一を阻止する、③17世紀以降、最もアグレッシブな領土拡大策を実行してきたプロイセンを、ドイツ連邦内に封じ込めておく、という三項目であった。

ビスマルクは1851年、プロイセンを代表する外交官としてこのドイツ連邦議会に派遣されるまで、メッテルニヒ墺宰相が創ったドイツ連邦システムが、「プロイセンを封じ込めておく」、「ドイツの統一を阻止する」という二つの役割を果たしていることに気づかなかった。ビスマルクだけでなく、プロイセン国王、マントイフェル首相、ゲルラッハ中将も、そのことに気づいていなかった。

しかしフランクフルトのドイツ連邦議会に派遣されたビスマルクは、墺政府代表（＝ドイツ連邦の議長）と連日交渉を重ねるうちに、この「ドイツ連邦の醜い真実」を悟った。彼は「墺政府が操作しているこのドイツ連邦システムに服従している限り、ドイツは決して統一されないだろう。しかも国際政治において、プロイセンが自主的な指導力を発揮することもないだろう。プロイセンは永遠に墺帝国に追従せざるを得ない劣等国の立場に置かれているのだ」と理解したのである。

そして最近、外交官になったばかりのビスマルクが、「僕がこのドイツ連邦体制を解体して、プロイセン指導下にドイツを統一してみせる！」と決意したのである。驚くべき決意であった。ビスマルクは外交官に任官して一年も経たないうちに、いままでプロイセン国王や職業外交官や上級軍人たちが気づかなかった「**ドイツ連邦の醜い真実**」（**＝墺帝国によるプロイセン封じ込め**）**の仕組みを明瞭に把握し、それに対抗する外交戦略を考え始めたのである**。彼はやはり、天才的な人物であった。若い頃から奇矯な行動を繰り返していたが、彼には生来、飛びぬけて鋭利な外交分析能力が備わっていたのである。Gift（神から賜わった才能）と呼ぶべきものなのだろう。

当時のプロイセン政府の首脳部（国王やマントイフェル首相やゲルラッハ中将）は全員、親墺主義者であった。彼らは王権神授説の支持者であり、1815年以降の神聖同盟の堅持派であった。

†神聖同盟とは、「神様から人民の統治権を賜わった」墺普露三皇帝がイデオロギー的な連帯を維持することにより、フランス革命以降欧州に広まった国民主権や共和主義のような「悪魔の思想」に対抗する、という正統主義の外交思想に基づいた同盟である。

しかしまだ30歳代半ばであった若造外交官ビスマルクが、これらプロイセン首脳部の「神聖同盟」主義や「普墺基軸」外交に真正面から挑戦し始めたのである。

1853年以降、ビスマルクはマントイフェル首相やゲルラッハ中将に宛てた外交政策報告書において、「墺帝国はプロイセンを窒息させて、屈服させようとしています」とか、「普墺の対立状態は、過去一〇〇〇年間続いてきました。最近四世紀間、普墺両国は中欧地域における覇権をめぐって武力衝突を繰り返してきました。ここで閣下に、私の確信を申し上げます。近い将来、我々は、生死をかけて墺帝国と闘わなくてはならなくなるでしょう。普墺両国の国益が対立せざるを得ないのは、ほとんど数学的な論理なのです」と記述している。普通のプロイセン外務官僚には、恐ろしくてとても書けない内容の外交報告書を、ビスマルクは機関銃のように書きまくってベルリンに送り続けた。怖いもの知らずであった。

ビスマルクの用心深い中立主義

ビスマルクがドイツ連邦議会に派遣されて二年後、クリミア戦争（1853～56年）が始まった。この**クリミア戦争は国際政治史上、重要な事件であった。メッテルニヒが1815年に作って1848年まで維持されていたウィーン体制が、この戦争によって完全に破壊されてしまったからである。**メッテルニヒは、個人的にはロシアが好きではなかった。しかし彼は「墺露協調こそ、ヨーロッパ安定の基軸」と確信していた。広大な勢力圏を持つロシア帝国とハプスブルク帝国が対立して武力抗争を始めたら、欧州地域の勢力均衡システムは決して安定しないからである。そしてクリミア戦争は、欧州地域の「墺露協調という基軸」を叩き壊してしまったのである。

クリミア戦争は、最初はロシアとトルコの戦争であった。ロシアが、19世紀初頭から衰退していたオスマン・トルコ帝国から、バルカン半島とダーダネルス・ボスフォラス両海峡の支配権を奪おうとして戦争を仕掛けたのである。しかし戦況がロシアに有利になると、露土間の戦争に英仏両国が介入してきて、「英仏」対「ロシア」の戦争となった。バルカン地域と黒海・地中海地域の覇権をめぐる、英仏露三帝国の苛烈な覇権争奪戦となったのである。この状況を見たオーストリアは漁夫の利を得ようとして、英仏側で参戦しようと動いた。墺政府は1815年以降の「墺普露・神聖同盟の誓約」をあっさり捨てて、バルカン半島におけるロシアの権益を盗もうと企んだのである。「墺露協調こそヨーロッパ安定の基軸」と考えるメッテルニヒだったら、絶対にやらない軽率な行為であった。当然のことながらロシアは激怒し、深い反墺怨念を抱くようになった（この怨念は1914年夏、第一次世界大戦のきっかけとなる墺露の衝突まで続いた）。

クリミア戦争に対する対応策で、プロイセン政府は内部対立した。ビスマルクを引き立ててくれた「カマリラ」（影の内閣）や「ウルトラ貴族」（超保守派貴族）のメンバーは単純で頑迷な國體至上主義者（＝神聖同盟堅持派）であったから、「我々プロイセンの騎士貴族は、君主間の信義を重んじてロシア皇帝を助けなければならぬ」と親露路線を主張した。しかし自由主義的ブルジョワと穏健派の貴族は、「状況は英仏側に有利な方向に動いている。しかもオーストリアは「英仏側に味方して参戦しろ」とプロイセンに強力な圧力をかけてきた。プロイセンは「勝ち組」の味方をして英仏側を支持し、当面の利益を確保したほうが良い」と親英仏路線を主張した。

面白いのがビスマルクの行動である。彼は最初は自分を引き立ててくれた「カマリラ」の主張に同意するようなふりをしたが、実際には執拗に中立主義の外交政策を追求して、英仏露のいずれにもコミットしなかったのである。戦争に巻き込まれるのが怖かったから、中立主義路線を選んだのではない。彼にはもっと真剣な深慮遠謀があった。ビスマルクは、**「今、英仏かロシアか、どちらかの味方をすると、近い将来、「ドイツ連邦を破壊して、ドイツの統一を成し遂げる」という大目標の実現にとってマイナスとなる」**と考えていたのである。当時のプロイセン指導部の中でそのようなことを考えていたのは、彼一人であった。

もし「カマリラ」や「ウルトラ貴族」が主張するようにプロイセンがロシア側に付いて参戦していたら、クリミア戦争は「英仏墺」対「露普」という欧州の大戦争になったであろう。19世紀初頭のナポレオン戦争や第一次世界大戦のような大戦争である。そのような大戦争に巻き込まれることが「ドイツ統一」につながるのかどうか、極めて疑わしかった。しかしたとえこれを局地的な戦争で終わらせることができたとしても、露側に付いて参戦して、英仏墺という三つの大国を敵に回してしまうのは、ドイツ統一にとって困難な外交環境を作ることになったであろう。露側に参戦するのは、プロイセンの国益にならないのである。

しかし自由主義ブルジョワと穏健派貴族が主張するように、英仏側に参戦するのも、「ドイツ連邦を破壊して、ドイツの統一を成し遂げる」という目標にはマイナスであった。たとえ英仏の「勝ち組」に付くことで短期的な利益を得られたとしても、ロシアは必ず、「神聖同盟の同志であったはずのプロイセンに裏切られた」という恨みを抱く。軍事大国ロシアにそのような恨みを抱かせるのは、将来のドイツ統一を困難にするのである。

†1850年、普墺両国がドイツ圏内の政治的指導権を争って小規模な武力衝突を起こした時、ロシアは即刻、墺側に付いた。そのためプロイセンは即座に屈服した。歴史家はこれを「オルミュッツの屈辱」と呼ぶ。ビスマルクはこの件で、「普墺が軍事衝突する時は、ロシアを絶対に敵に回してはいけない」という苦い教訓を学んだのである。

クリミア戦争におけるビスマルクの中立主義は正しかった。この時プロイセンが英仏かロシアかどちらかの味方をしていたら、1864〜70年、プロイセンがドイツを統一するため、矢継ぎ早に三つの戦争を敢行することは不可能になったであろう。ビスマルクは「近い将来、必ず起きる」であろう諸戦争（特に普墺戦争）を予測していたからこそ、「プロイセン周囲の三帝国（英仏露）に、恨みを残してはならない」という用心深い中立主義外交を主張したのである。

1859年のイタリア統一戦争の際も、ビスマルクは中立派・避戦派であった。当時のイタリア人は（当時のドイツ人と同様）「祖国を統一したい」というナショナリズムに燃え上がっていた。しかし墺ハプスブルク家が、イタリアのロンバルディアやヴェネト（ヴェネチア周辺の地域）を支配していたため、統一が阻止されていた。1859年4月にサルデーニャ王国とナポレオン3世支配下のフランス帝国がイタリアに侵攻して対墺戦争（＝イタリア統一戦争）を開始すると、ビスマルクは（早期に対仏軍事介入したがるプロイセンの多数派に反対して）中立主義・避戦外交を主張した。

当時のプロイセン人は国王家も貴族も軍人も政治家も、ナポレオン3世に対して極端な嫌悪感を抱いていた。プロイセンは、半世紀前のナポレオン戦争によって壊滅的な被害を被った国である。しかも初代ナポレオン皇帝は、軍人としてイタリア遠征に成功することによって名声を得て、フランスの独裁者となった人物である。「あのナポレオンの甥が、またしてもイタリア遠征を始めた。この遠征成功の後、ナポレオンの野望の次の餌食になるのは我々プロイセンだ！」とプロイセン人は反応した。もっともな反応であった。

しかし「ドイツ統一を実現するために、近い将来、対墺戦争は不可避だ」と確信していたビスマルクにとって、ここでプロイセンが対仏開戦してオーストリアを助けるのは愚行であった。そんな余計な戦争に手を出せば、ドイツ人は何時《いつ》まで経っても祖国統一を実現できない。当時、駐露大使を務めていたビスマルクは、プロイセン外相に「我々はこの戦争に関わってはなりません。「プロイセンが対仏軍事介入することによって」オーストリアがフランスに勝利するのは、我々の国益ではありません」と書き送っている。**ビスマルクは目先の戦争に気をとられるのではなく、一〇年先、二〇年先のプロイセン国益のことまで見通して、外交分析していたのである。**生まれつき闘争心の強いビスマルクが、１８５０年代に用心深い中立主義と避戦外交を主張したのはそのためである。

国際政治という危険なチェス・ゲーム

1851〜62年に外交官（ドイツ連邦大使・駐露大使・駐仏大使）を務めたことは、ビスマルクの国際政治に対する洞察を深めた。この一一年間でビスマルクは、当時の欧州で最も鋭利なバランス・オブ・パワー（勢力均衡）分析ができる戦略家に成長したのである。この一一年間の経験と思索がなかったら、その次の時期（1862〜90年）に、彼がプロイセン宰相・ドイツ帝国宰相として欧州外交を牛耳ることも不可能だっただろう。その意味においてこの一一年間は、「**無軌道で放埒な青年ビスマルク**」へと、**急成長した時期**であった。「**欧州諸国を手玉に取って操る深慮遠謀の中年ビスマルク**」が、

しかも彼は、外交官の生活を本当に楽しんでいた。戦略的な思考能力に優れており、話題が豊富（話術が巧み）で説得力のあるビスマルクにとって、外交官という職業は天性のものであった。4章で紹介するタレーランと同じである。タレーランの話術の巧みさと説得力の優越性も、天性のものであった。

†タレーランもビスマルクも、職業外交官としての官僚的なトレーニングをまったく受けずに外交官となった。外交官という職種は、官庁におけるトレーニングよりも「天賦の才」

があるかどうかのほうが、はるかに大切な職業である。ちなみに現在の日本やアメリカの学校教育からは、戦略的思考力があり話術が巧みで説得力のある外交官は生まれない。日米両国の功利主義的で文化的に貧困な教育体制は、画一的で凡庸な外交官しか生み出さない。

外交官としてのビスマルクは、国際政治をまるでチェス・ゲームのように論理的に分析するようになった。チェスボードに置かれた諸国（＝チェスの駒）が、「どのように動けば、将来の国際政治のバランス・オブ・パワー・ゲームにおいて優位な立場を占められるか」という視点からの外交分析である。ビスマルクによれば、**このチェス・ゲームから、各国の国内事情（国内の政治体制、政治思想、宗教、価値観）、そして自国民の他国に対する「好き嫌い」の情緒は、排除されなければならない。**国際政治というものは三〇〇〇年前から本質的に無政府的なものであるから、各国の独自の政治思想や価値観や「好き嫌い」の情緒を持ち込んでも、バランス・オブ・パワー・ゲームというチェスの試合において優位な立場を確保できるわけではないからである。

ビスマルクは外交報告書において、「感情的に満足できる同盟関係は、国益を増進できる同盟関係とは無関係のものです」（1854年）とか、「たとえプロイセン国王といえども、自分の好き嫌いの感情を国益の計算より優先させることは許されないのです」（1857年）などと書いている。**彼は自国の「主義」や「思想」や「好き嫌い」を、外交政策の判断に持ち込むことを嫌ったのである。**

国際政治には当時も現在も、「世界政府」「世界立法院」「世界裁判所」「世界警察軍」は存在しない。つまり国際政治は本質的に無政府状態である。したがって各国が「これこそが正しい体制である、正しい政治思想である、道徳規範である」と自分勝手に主張して、その主観的な判断のもと軍事力を用いて他国に押し付けたとしても、それによって客観的な普遍性を持つ「国際正義」や「国際秩序」が実現する訳ではない。ビスマルクがクールな態度で「国際政治はチェス・ゲームにすぎない」と看做すようになったのは、彼自身が何度も、国際政治の無政府性を痛感する苦い体験をしたからである。

しかし当時のプロイセンの自由主義者・民主主義者、そして「ウルトラ保守貴族」のような國體至上主義者たちは、「これこそが正しい体制である、政治思想である、道徳規範である」という主観的・情緒的な視点から、プロイセンの外交政策と軍事政策を主張し続けた。**1850年代の外交官時代から1890年に引退するまで、ビスマルクがドイツ国内のリベラル派・国粋派の双方と延々と対立し続けた**真の原因はここにあった。

ビスマルクは、「国際政治という危険なチェス・ゲームに、自分の主観的なイデオロギーや好き嫌いの情緒を持ち込むのを止めてくれ！」と感じていたのである。

親仏路線という賭け

「国際政治はチェスだ」と看做すようになったビスマルクは、１８５０年代のプロイセン政府の中枢部と鋭く対立するようになった。なかでも深刻だったのは、ビスマルクの親仏的な外交路線に関するものであった。

プロイセン王国のエスタブリッシュメントは三三年間（１８１５～４８年）続いたメッテルニヒによる欧州支配の時期に、「プロイセンは「君主制の維持という正統主義」の外交を実行することを、国是としなければならない。普墺露三国こそ、現在のヨーロッパにおいて最も正統的な（キリスト教的で神聖な）道徳規範を具現した国家である。したがってこれら神聖同盟参加国は、革命後のフランスのように悪魔の思想（＝国民主権思想、共和主義、自由主義、平等主義）を撒き散らす邪悪な国に対して、決然と対決しなければならない」と確信するようになった。１８４８年に反革命運動を推進するために結成された「カマリラ」や「ウルトラ貴族」も、この「君主主義・正統主義をバックボーンとする外交政策」を、キリスト教の神様から授かった「不変の真理（＝悠久の大義）である」と主張していた。

しかし「国際政治というチェス・ゲームに、自国の国内体制や政治思想に関する議論を持ち込むべきではない」という外交パラダイムを採用したビスマルクは、「カマリラ」や「ウルトラ貴族」が最も危険視するフランスと「普仏協調」外交を実践することを主張し始めたのである。

ナポレオン3世は、1848年の革命で出来た共和政体における普通選挙で大統領に当選し、しかも1851年のクーデター行為によって「皇帝」を僭称するようになった「デマゴーグの詐欺師」である。そのような「詐欺師」が君臨している偽物帝国フランスと「高貴にして神聖なるプロイセン王国」が親密になるなど、普エスタブリッシュメント層にとってはまったく問題外のことであった。プロイセン政府中枢部は、親仏外交路線を説く「ボナパルティスト外交官・ビスマルク」に立腹した（ボナパルティズムとは、ナポレオン家によるフランス支配と帝国主義的な対外政策を支持する政治運動のこと）。

ビスマルクは、プロイセンの新聞雑誌に「危険思想を抱くボナパルティスト外交官のビスマルク」と誹謗中傷されるようになった。

ビスマルクは勿論、ボナパルティストになったわけではない。「国際政治というチェス・ゲーム」において、ドイツ民族が延々と劣等な立場に置かれるのを避けたかったビスマルクは、「普仏協調なくして、ドイツの統一はあり得ない」と確信していただけのことである。その理由は、以下の五つであった。

①多くの欧州諸民族が統一された nation-state（国民国家）を構築しているのに、ドイツ人だけが未だに統一国家を作れない不利な状況にある。
②1815年に作られたドイツ連邦が、ドイツ統一を阻止する機能を果たしている。
③このドイツ連邦を解体するために、プロイセンはドイツ連邦体制を支配してきたオーストリア帝国と戦う必要がある。
④しかし普墺戦争において、英仏露三国のいずれかがオーストリアに味方したら、この戦争でプロイセンは敗北する。
⑤したがって英仏露三国が、近い将来に起きる普墺戦争において「好意的中立」を維持する環境を作っておく必要がある。クリミア戦争においてロシアはオーストリアに裏切られた経験を持つから、反墺国家であり、オーストリアに味方することはあり得な

い。イギリスは今のところドイツ統一問題に無関心であるから、普墺戦争に介入してくる可能性は低い。したがってプロイセンは隣国フランスを友好国にすることに努力し、ナポレオン3世が普墺戦争に絶対に介入してこない外交環境を確保しておく必要がある。

大恩人への「背信」

これらの五項目が、ビスマルクの「ドイツ統一のためには、普仏協調が不可欠である」という外交政策の論理であった。実に明快な論理である。しかし当時のプロイセン人はリベラル派も体制派（國體派）も、ビスマルクの議論を理解しようとしなかった。「国際政治というチェス・ゲーム」において、次の次の次の局面ではどのように「チェスの駒」を動かしたら良いのか、といつも何手も先のことまで考え抜いてプロイセンの外交戦略を考案していたのは、ビスマルクただ一人だったからである。

「カマリラ」（影の内閣）の最重要人物としてビスマルクを枢要な外交ポストに就けてくれたゲルラッハ中将は、ビスマルクの親仏路線という「背信行為」に怒った。ゲルラッハは、ビスマルクに宛てた手紙で、「君のように優秀な男が、何故、ナポレオン3世のような成り上がり者の味方をするのか？　何故、君はプロイセン王国の国是を踏みにじるような外交政策を唱えるのか？　ナポレオン3世は我々の敵である、彼は永遠に我々の敵である。……私の政治的な原則は、欧州の革命勢力に対する止むことなき闘いである」と述べた。ゲルラッハは誠意に満ちた剛直な國體至上主義者であったから、「国際政治というチェス・ゲーム」における駆け引きよりも、彼自身の〝悠久の大義〟や〝正統主義外交〟を貫徹することのほうが、はるかに重要であった。彼の〝真摯で誠実〟な視点からは、国際政治のバランス・オブ・パワーの計算ばかりしているビスマルクは、シニカルで無道徳な戦略家に見えたのである。

自分をベルリン政府で熱心に引き立ててくれた人生の恩人であるゲルラッハ中将に対して、ビスマルクは以下のような反論を送っている。

国際政治というチェス・ゲームにおいて、フランスという駒を最初から利用できないというなら、チェス・ゲームはできません。私にとっては、フランスという駒の国内体制がどうであろうと、フランスの指導者が誰であろうと、そんなことは無関係なのです。フランスとの外交関係が、プロイセンにとってプラスとなるのかマイナスとなるのか、そのことだけが私の関心事なのです。閣下のフランスに対する見解は、現実の国際政治を無視されておられるのではないでしょうか。フランスを嫌悪し、フランスと関係を持とうとしないのは、非論理的な態度ではないでしょうか。……閣下は正統主義の外交を主張されておられます。ブルボン家のルイ14世は、間違いなく正統的な君主でした。そして彼は、反プロイセンの外交を実行しました。初代皇帝ナポレオンは成り上がり者でした。そして彼も、反プロイセンの外交を実行しました。君主に正統性があろうとなかろうと、彼らの外交政策は同じように反プロイセンだったのです。私の理想とする外交家は、先入観を持たず、諸外国に対する好き嫌いの感情に左右されない外交家なのであります。

「フランスという駒を使わなければ、普墺戦争を決行してドイツ統一を成し遂げることはできない」と確信していたビスマルクは、1855年、大恩人ゲルラッハ中将を怒らせることを承知の上で、パリを訪問してナポレオン3世と会談した。この会談の記録は残されていないが、将来の普仏協力について話し合ったと推測されている。

†この会談においてナポレオン3世は、話題が豊富で陽気で豪快なビスマルクにすっかり魅了されてしまった。ビスマルクは本音ではナポレオン3世が好きではなかったが、1866年の普墺戦争を終わらせるまで、ナポレオン皇帝と「緊密な友好関係」を維持していた。

この会談の後、ビスマルクはマントイフェル首相とゲルラッハ中将に宛てて、普仏協力を勧める外交報告書を頻繁に送っている。外交官時代のビスマルクは、将来の「ドイツ統一のための戦争」の企画と準備を着々と進めていたのである。

2章

ビスマルク Ⅱ（1863〜70年）

ドイツ統一のための三つの戦争

「国内での喧嘩に強い」ビスマルクの宰相就任

1862～90年のプロイセン王国・ドイツ帝国の主役となったビスマルクの宰相就任は、かなり突発的な出来事であった。ほとんどのプロイセン国民は、当時駐露大使や駐仏大使を務めていたビスマルクの名前を聞いたことすらなかった。しかもビスマルクの性格と行動に関して少しでも知識のあるベルリン政府の官僚と政治家は、大部分がビスマルクに対して「何をしでかすか分からぬ危険な男」というネガティブな印象を持っていた。プロイセン政界と官界において「宰相ビスマルク」の誕生を歓迎したのは、ほんの数人しかいなかったのである。

プロイセン国王のヴィルヘルム1世も、ビスマルクを首相に任命することに懐疑的であった（ヴィルヘルム1世は、1848年の革命騒ぎの時、うろたえて革命派に中途半端な譲歩を繰り返した普国王フリードリヒ・ヴィルヘルム4世の弟である。頭は良いが決断力に欠けていた兄と違って、ヴィルヘルム1世は、頭は良くないが剛直で勇気ある軍人であった）。しかもヴィルヘルム1世の王妃と皇太子も、ビスマルクに対して明らかな敵意を抱いていた。保守的な気質の国王は、ビスマルクがナポレオン3世と仲良くしている親仏派の外交官であることが気に入らなかったし、親英的なリベラル派であった王妃と皇太子は、ビスマルクが「カマリラ」や「ウルトラ保守貴族」といった反動右翼グループの支援を受けて頭角を現した人物であることを嫌っていたのである。プロイセンの衆議院議員とマスコミ人も、ほとんどがアンチ・ビスマルク派であった。

それほどまでに嫌われていたビスマルクが1862年9月に宰相に任命されたのは、当時ヴィルヘルム1世が、国内の政治闘争において徹底的に追い詰められていたからである。1861年と62年のプロイセン衆議院選挙において、国王を支持する保守政党は連続して惨敗し、国内制度の急速な自由主義化を要求する左派勢力が圧倒的に優勢になっていた。この状況下、ナポレオン帝政の再出現、クリミア戦争（1853〜56年）、イタリア統一戦争（1859〜60年）等によって欧州の軍事情勢が急に不安定化してきたことを心配する（軍人出身の）国王は、軍の近代化を進めるための予算案を帝国議会に提出することにしたのである。しかし衆議院議員の圧倒的多数は、国王の軍事改革予算を拒否した。

ヴィルヘルム1世は学問や教養には欠けているが、生真面目な愛国者であった。彼は本気で、「プロイセン陸軍を早急に近代化しないと、我々は仏墺露三帝国に弄《もてあそ》ばれる運命にある」と心配していた。しかし過半数の衆議院議員は国内改革を優先することを要求して、彼の軍近代化予算を強情に拒否し続けた。この事態に怒った陸軍の幹部は、クーデターを起こして帝国議会を閉鎖する準備を始めた。

国王は、軍部によるクーデターに反対であった。しかし彼は衆議院の多数派に屈服するつもりもなかった。そこで国王は、プロイセン憲法に規定されていた衆議院の予算承認権を無視して、独断で陸軍の近代化予算を支出することに決めたのである。当然のことながら議会の多数派は「憲法違反だ！」とヒステリカルに反撥し、プロイセンの内政は完全な麻痺状態となってしまった。「憲法違反！」と批判されて怖気づいた蔵相と外相は、辞表を出して内政の混乱から逃げ出した。重要な閣僚に逃げられ、軍部によるクーデターを容認するつもりもなく、しかも衆議院に屈服することも拒否する頑固で真面目なヴィルヘルム1世は、国王の座から退位することに決めた。

当時のプロイセン政府の最大の実力者は、ローン陸相であった。ローンは陸軍参謀本部の若手将校であった頃、当時ベルリン大学の学生であったビスマルクをアルバイトの事務官として雇った経験があった。その当時からローンは、頭が切れて大胆で行動力のあるビスマルクに好感を抱いていた。その後も彼は、外交官となったビスマルクが物怖じせずに自分の外交論を主張している様子を、面白がって観察していた。そして国内の政治闘争で窮地に陥ったヴィルヘルム1世が、「議会の革新派議員たちに屈服するくらいなら、朕は退位する」と言い出した時、ローン陸相は、「陛下、私はビスマルクという暴れ者を知っております。喧嘩が上手くて剛胆な男です。陛下が退位の御決断をなさる前に、一度、ビスマルクに宰相をやらせてみたら如何でしょうか。あの男なら、衆議院に対して簡単に屈服したりすることはありません」と進言したのである。

ローンは「ビスマルクは外交家として有能だから」という理由で、彼を宰相に抜擢することを国王に薦めたのではない。彼は「喧嘩をやらせたら、ビスマルクぐらい強い男はいない」という奇妙な理由で、宰相に推薦したのである。19世紀後半期の欧州外交を牛耳ることになる大外交家ビスマルクが誕生したのは、「国内での喧嘩に強い」という理由からであった。ビスマルクは当時、47歳であった。

ヴィルヘルム1世の妻は、ビスマルクを宰相にすることに最後まで徹底的に反対した。ビスマルクをひどく嫌う王妃に対して、国王は、「衆議院の鉄面皮な政治屋たちに対抗するため、余も鉄面皮の宰相を必要としているのだ」と答えた。実に的確な人物評価であった。

鉄血演説

宰相ポストに就任して一週間後、ビスマルクは世界史に残ることになる有名な「鉄血演説」を行っている。衆議院において、陸軍近代化のための予算が必要であることを説明するために、ビスマルクは以下のような演説をして予算増額が不可欠であることを訴えたのである。

ドイツ圏［三五の諸侯国と四つの自治都市］が我々プロイセンに期待しているのは、自由主義の唱道ではなく軍事的な役割です。［南ドイツ諸国の］バイエルンやバーデンは、勝手に自由主義をやっていればいい。これら諸国が重大な役割を果たすだろうなどと期待している者はいないからです。しかしプロイセンには重要な役割があります。我々はそのために、実力を蓄えておく必要があります。［1815年の］ウィーン条約によって定められた現在のドイツ圏の国境は、我々にとって望ましいものではありません。現在、我々が直面している大問題［プロイセンの指導によってドイツを統一するという課題］を解決するのは、［議会における］演説や多数決ではなく、鉄と血による行動なのです！

〝鉄と血による行動〟というのは、軍事力行使のことである。ドイツ統一のために必要な対墺戦争のことである。ビスマルクは、「ウィーン会議でハプスブルク（墺）帝国がドイツ諸国に押し付けてきたドイツ連邦を解体し、ドイツ圏を統一するためには、我々は対墺戦争を実行するしかない。プロイセン議会における代議士たちの高邁な演説と決議案採択によって、このドイツ統一が実現する訳ではない。だから議員諸君は、軍の近代化のための予算を承認して欲しい」と、議会を説得しようとしたのである。

当時のプロイセン衆議院の最大政党は、自由主義左派のドイツ進歩党であった。当時も現在も「リベラルで進歩的な政党」は、議会における理想主義的な演説と多数決が好きである。彼らは、「議会における高邁な演説と投票行動が、現実の国際政治の難問を解決してくれるだろう」という〝善意に満ちた幻想〟を抱いていた。1919年のヴェルサイユ会議において、「国際連盟という討論機関を作って、そこで各国の代表が演説したり投票したりすれば、軍事紛争はなくなるはずだ」と自信に満ちて主張したアメリカのウィルソン大統領と同じパターンの発想である。

そのように考えていたドイツ進歩党は、ビスマルク新宰相の挑発的な鉄血演説に激怒した。プロイセンの政党だけでなく他のドイツ諸侯国の知識人や新聞も、「危険思想を唱える鉄血宰相ビスマルク」を囂々《ごうごう》と非難した。過去三〇〇〇年間の国際政治史を読めば、ほとんどの国家建設と国境線の画定は、〝鉄と血による行動〟によって決定されたものであることが理解できる。しかしその事実をビスマルクのようにあけすけに指摘すると、怒り出す政治家と言論人が多いのである。

ビスマルクの「ドイツを統一するためには、対墺戦争が必要だ。議会でいくら演説したり議決したりしても、何の効果もない」という主張は、新しいものではなかった。彼は以前から、そのことを繰り返し指摘していた。例えば駐露大使時代のビスマルクは、自国の外相に宛てた書簡の中で、「ドイツ連邦の欠陥を直すためには、〝鉄と火による荒療治〟が必要になります」と記している。同時期の妻への書簡では、「このドイツ統一の問題は、議会が解決できる問題ではない。これは外交と軍事行動によって決定される問題なのだ。この問題に関する我々のお喋りのすべては、何の役にも立たないセンチメンタルな妄言にすぎないね」と述べている。

彼が首相就任後、普政府の駐仏大使に宛てた書簡においても、「議会と新聞が作り出す「ドイツ世論」などというものは、我が国を運営するためには何の役にも立たない幻視・幻聴にすぎない。国家の強さは、代議士やマスコミ人の議論の中にあるのではない。それは軍事力を基盤とする大国外交にあるのだ」と書いている。新首相ビスマルクは代議士やマスコミ人の気取った議論を相手にせず、現実の国際政治のパワー・バランスを重視していたのである。

普墺戦争をけしかけるビスマルク

ビスマルクは宰相になった最初の日から、何らかのチャンスを摑んでオーストリアを対プロイセン戦争に追い込み、北ドイツ諸国を統一するつもりであった。図々しくて正直なビスマルクは、その意図を隠そうともしなかった。普宰相に就任する二ヵ月前、当時駐仏大使であったビスマルクはイギリスの野党（保守党）党首であったディズレイリと会談した。その席においてビスマルクは、「私が何時《いつ》の日か首相になったら、なるべく早く都合の良い口実を見つけて対墺戦争を実行するつもりだ。そしてドイツ連邦を解体して、プロイセンの指揮のもとに北ドイツ地域を統一するのだ」と語っていた。

首相になって二ヵ月後には、ベルリン駐在のオーストリア大使に面と向かって、「貴国は、北ドイツ地域に政治干渉するのを止めるべきだ。オーストリアは、イタリア北部とバルカン半島と南ドイツ地域を、自分たちの勢力圏にすれば良いではないか？　何故、北ドイツまで支配したがるのだ？　貴国が北ドイツ地域に干渉するのを止めないのなら、我々プロイセンと貴国が戦争となるのは不可避ですぞ」と恫喝した。自分自身はプロイセン議会の多数派と真っ向から対立して、政府予算が何時《いつ》まで経っても議会で承認されないという内政の危機にあるのに、オーストリア大使に対して「このままでは、普墺戦争になるぞ！」と恫喝するのが、ビスマルクのやり方なのである。

さらに彼はベルリン駐在のフランス大使に対しても、「墺政府は、ドイツ連邦を利用して反プロイセン工作を続けている。だから我々は、ドイツ連邦から脱退するつもりだ。そうなれば普墺戦争となるだろう。我々はハノーファー、ヘッセン、ザクセン等の諸国を占領して、北ドイツ地域を統一するつもりだ」と語っている。翌1863年には、ロシアの外交官に対して、「我々は、オーストリアに対して奇襲戦争を仕掛ける用意がある」と述べている。

ビスマルクが首相に就任した直後から、「戦争だ、戦争だ、普墺戦争になるぞ」と言いふらして歩いたのには、二つの意図があった。一つはプロイセンの政治家と国民に対して、「ドイツ統一のために、対墺戦争を覚悟せよ」というメッセージを伝えることであった。プロイセン議会で多数派の代議士たちが「ドイツ統一は全国民の悲願！」と何百回も演説したり勇ましい決議案を採択したりしても、実際のドイツ統一には何の役にも立たない。ビスマルクはその事実を、国民に教え込もうとしたのである。彼のもう一つの意図は、「我々はドイツ統一のために、対墺戦争を覚悟している。我々は本気である。この問題で普墺戦争になるのを避けたかったら、オーストリアは北ドイツ地域から出て行って欲しい」と墺政府に伝えることであった。

しかしプロイセン議会の進歩派（多数派）は、強情な予算拒否戦術を続けた。そして墺政府はドイツ統一問題に関して、プロイセンに譲歩するのを拒否した。その結果1862〜63年のビスマルクは、内政と外交の両面で窮地に追い詰められていった。

デンマーク戦争を前に〝君子豹変〟

予算を立法化できず、「憲法違反財政」を続けざるを得なかった不人気宰相ビスマルクを閉塞状態から救ったのは、隣国デンマークとの戦争であった。

デンマークとドイツ諸侯国は1848年から、シュレスヴィヒ・ホルシュタインという（デンマークの南側・ドイツの北側に位置する）二つの公国が「デンマークに帰属するか、ドイツに帰属するか」で揉めていた。ホルシュタインと南シュレスヴィヒの住民の大部分はドイツ系、北シュレスヴィヒの住民の大部分はデンマーク系であった。したがってドイツ人は、（ドイツ系が圧倒的多数派である）二公国に対してデンマーク王が統治権を行使していることに、反撥していた。そして1863年末、デンマーク王が南北のシュレスヴィヒを一方的に自国に併合する決定をしたため、ドイツとの軍事衝突となったのである。

図々しいが用心深いビスマルクは、デンマークとの衝突において、プロイセン軍が単独でデンマークを攻撃することを避けた。彼は十数年前にデンマークとプロイセンがシュレスヴィヒ・ホルシュタイン問題で軍事衝突した時、英仏露の三列強がデンマークの味方をして、プロイセンに不利な調停案（1852年ロンドン条約）を押し付けてきたことを覚えていたからである（17世紀から英仏墺露四国は、プロイセンの領土拡張政策に対して意地悪な干渉を繰り返してきた。当時の欧州外交とは、そういうものであった。本書のタレーランの章で説明するように1815年のウィーン会議でも、英仏墺が秘密の軍事同盟を作って、プロイセンの領土拡大策を妨害した）。

そこでビスマルクは普墺両国で短期的な軍事同盟を作って、普墺連合軍が対デンマーク戦を実行するように仕組んだのである。

1862と63年、国内と国外で頻繁に「普墺戦争は不可避だ！」と言いふらしていた筋金入りの反墺主義者ビスマルクが、1864年1月になると突然、普墺同盟を結成したのである。鉄面皮なビスマルクでなければ出来ない〝君子豹変〟外交であった。ビスマルクは、英仏露がプロイセンの対デンマーク戦に再び干渉してくるのを避けるために、素早く普墺軍事同盟を作ったのである。

†軽率にも墺政府は、「プロイセンと組んでデンマークを叩けば、オーストリアの利益になるだろう」と考えて、この即製の普墺同盟に参加した。しかしその二年後、戦勝利権の処理に関する対立からオーストリアは対普戦争に追い込まれるはめとなり、1864年の普墺同盟を深く後悔する事態となった。この対デンマーク戦争において、オーストリアはビスマルクに利用されただけであった。

ビスマルクは機敏で攻撃的であるが、用心深い外交家であった。彼は普墺連合軍による対デンマーク戦を正当化するため、「ホルシュタインとシュレスヴィヒ住民の大部分はドイツ系だから、この二公国はドイツ圏に所属すべきだ」とは言わなかった。彼は、「我々普墺連合軍は、英仏露三国が調停役となって決めた1852年のロンドン条約を守るために闘っている。この国際法（52年ロンドン条約）に違反して国際秩序を攪乱したのは、デンマークである」と主張したのである。彼がそのような口実によって対デンマーク戦争を「合法化」してみせたため、英仏露三政府は、デンマークに味方して三国干渉する「国際法上の根拠」を失ったのであった。

しかもビスマルクは開戦初期から、普墺連合軍がデンマーク領土を占領することに明確に反対した。彼は、「この戦争はシュレスヴィヒ・ホルシュタイン問題を解決するための限定戦争であり、普墺連合がデンマークを叩き潰すための戦争ではない。我々はデンマーク固有の領土に対して、何の野心も持っていない」と繰り返し言明していたのである。

しかしプロイセン軍の総司令官ヴランゲル元帥とモルトケ参謀総長は、デンマーク領を占領することを望んでいた。そしてヴランゲル元帥は政府の方針を無視して、デンマーク領に侵攻した。ビスマルクはヴランゲルを総司令官職から解雇して、勝手に戦線拡大する元帥を処罰した。ビスマルクは、「**戦争は外交の手段にすぎない。戦争に勝つこ**

と自体は、外交の目的ではない。戦争で華々しく大勝利して敵の領土を占領することは、その後の外交政策にとって必ずしも望ましい結果とはならない」と判断していたのである。**ビスマルクは〝武断主義を提唱する鉄血宰相〟であったが、同時に彼は「外交政策の判断は、軍事政策に優越する」と考える外交優越論者でもあった。**彼は当時から、やみくもに目先の戦争に「大勝利」したがる単純なプロイセン軍幹部を信用していなかったのである。

デンマーク戦の勝利はビスマルクの国内人気を高めた。そして穏健な自由主義政治家の中には、ビスマルク支持に回る者も出てきた。しかし衆議院の過半数は相変わらずリベラル左派であり、執拗な予算拒否戦術を続行した。今回の戦勝にもかかわらず、ヴィルヘルム１世とビスマルクの「憲法違反財政」は続いた。

北ドイツ建国プランを実行

１８６４年夏、対デンマーク戦に勝利したビスマルクは、即座に次の戦争の準備を始めた。デンマーク戦争で「普墺連合の同盟国」として敢闘してくれたオーストリアに対する戦争である。彼がドイツ連邦大使（１８５１～５９年）の時からじっくり企画してきた「対墺戦争によってドイツ連邦を破壊し、北ドイツを統一する」というドイツ建国プランを、いよいよ実行に移す時がきたのである。

当時の墺政府は迂闊にも、「同盟国として一緒に戦争したプロイセンは、親墺的な国になっただろう」と考えていた。そこで墺政府は、自国の抱えるイタリア紛争や関税問題に関して、普政府の協力を要請してきた。しかし対墺戦争の口実を見つけるために普墺関係を故意に悪化させようと企んでいた非情なビスマルクは、墺政府の協力要請をすげなく断った。当然のことながら墺政府は怒り、反普的な政策を採るようになった。策士ビスマルクの思う壺であった。

デンマーク戦争の結果、シュレスヴィヒ・ホルシュタイン二公国は普墺両国に所属することになったが、この二公国の処理問題に関してもプロイセンは非協力的であった。プロイセンは時々、墺政府と妥協するような姿勢を見せながらも、二公国に対するプロイセンの支配力・影響力を一方的に強化する政策を進めていった。墺政府はますます怒り、その結果、普墺戦争の口実を作ろうとしていたビスマルクの外交戦略に嵌められていった。

さらにビスマルクは、「三五の諸侯国と四つの自治都市に分裂しているドイツを、統一国家にしたい」という普通のドイツ人の素朴なナショナリズムも、普墺戦争の口実として利用した。当時のドイツ諸侯国では、民主主義・共和主義・国民主権を支持するリベラル派がナショナリスティックであり、君主権やユンカー階級や教会勢力を支持する保守派はアンチ・ナショナリストであった（「保守派がナショナリスティックであり、リベラル派はアンチ・ナショナリスト」というのは、19世紀末からの現象である。それ以前は逆のパターンであった）。そもそもビスマルクが大使や宰相になれたのは、「カマリラ」や「ウルトラ貴族」といった保守的なアンチ・ナショナリスト勢力の支援があったからである。しかしビスマルクは一旦宰相になると、「ドイツ連邦を破壊して、統一ドイツを創る」という外交目的のため、リベラル派のナショナリストと協力するようになった。当然のことながらプロイセンの保守陣営は反撥し、「ビスマルクの無節操」と「裏切り」を非難するようになった。

ビスマルクがドイツ・ナショナリズムを利用することに決めたのは、ハプスブルク（墺）帝国を対普戦争に追い込むために、ナショナリズムが最も都合の良いイデオロギーだったからである。ハプスブルク帝国は、13世紀から続いてきた由緒ある大帝国であった。西欧・中欧・東欧に広大な領地を持つ、多民族・多言語・多文化の大帝国であった。当然のことながら、19世紀後半期の欧州におけるナショナリスト感情の高まりに対して、これほどヴァルネラブル（脆弱）な国家はなかった。

シニカルなビスマルクはそのことを計算に入れて、「ドイツ連邦に、すべてのドイツ諸侯国の住民が平等な投票権を行使する国民議会を設置しよう」と何度も提案したのである。これは墺政府にとって、絶対に呑めない案であった。多民族・多言語のハプスブルク帝国において普通選挙制度による民主政を認めれば、帝国は短期間のうちに多数の中小諸国に分裂してしまう可能性が強かったからである。ビスマルクはそのことを十分承知の上で、「ドイツ・ナショナリズムを支援する開明的なプロイセン」を妨害している「アンチ・ナショナリストの反動的・反民主的なハプスブルク帝国」という分かり易い外交宣伝を繰り返した。当然のことながら、普墺両国のいがみ合いは激化した。

ナポレオン3世との「取引」

ドイツ・ナショナリズムとシュレスヴィヒ・ホルシュタイン問題を、普墺戦争を惹き起こすための口実として利用したビスマルクは、同時期、仏露伊三政府が普墺戦争においてプロイセンに対して敵対的な動きをしないように、着々と手を打っていた。彼は戦争に関して、常に用意周到であった。

露政府はクリミア戦争以降、反墺感情が強かった。しかもビスマルクが三年間駐露大使を務めていた際、ロシア皇帝や外相と親密な協力関係を築いておいたので、普墺戦争に介入してくる可能性は低かった。イタリアは、イタリア統一戦争（1859〜60年）の時期から、ヴェネト（ヴェネチア周辺地域）の領有権をめぐってハプスブルク帝国と争っていた。そこでビスマルクはイタリアに、「我々は近いうちに、対墺戦争を実行するつもりだ。プロイセン軍が北方からオーストリアを攻める際に、イタリア軍は南方からオーストリアを攻撃して欲しい。我々は普墺戦争に勝つ。イタリアは戦勝利益として、オーストリアからヴェネトを獲ればよい」と軍事同盟案を持ち掛けたのである。普伊両国は普墺戦争の直前に普伊秘密軍事同盟を締結し、ビスマルクはイタリアの対墺参戦を確保した。

ビスマルクが対墺戦争の準備で最も苦労したのは、フランスであった。仏皇帝ナポレオン3世は一〇年前から、ビスマルク大使の知性とウィット、鋭い国際政治分析と愉快な会話に魅了されていた。しかしナポレオン3世は自分自身を、「私は稀代の策士であり、鋭利な陰謀家である。革命家としての胆力と戦略家としての冷徹さを備えた欧州外交の中心人物である」と高く評価していた（つまり、自惚れていた）。彼はビスマルクを相手とする国際政治のチェス・ゲームにおいて、「最終的にビスマルクを出し抜いて優位な立場に立つのは、私だ」と思い込んでいた。ナポレオン3世は、ビスマルクに利用されるふりをして、ビスマルクを利用してやろう、と企んでいたのである。

そのためナポレオン3世は、普墺が戦争することを喜んでいた。「普墺のどちらが勝っても、フランスが得をする結果となる」と思い込んでいた。彼は普墺両国との秘密外交交渉において、両政府に「フランスの好意的中立」を高く売りつけて、普墺戦争の後、フランスの領土拡大を認めさせる魂胆であった。そのため彼は、シュレスヴィヒ・ホルシュタイン問題で普墺がもっと対立するように、けしかけていた。

1865年秋、ナポレオン3世とビスマルクは南仏の保養地ビアリッツで会談し、普墺戦争におけるフランスの利益について話し合った。当時のナポレオンは、ビスマルクに対して強い立場にあった。ナポレオンが、「私は普墺戦争を容認しない。貴君がこの戦争を強行するなら、私はオーストリアの味方をする」と言えば、ビスマルクは対墺戦争を実行できなくなる立場にあったからである（当時のプロイセンは、墺仏両国を相手に戦争する能力を持っていなかった）。そうなればビスマルクの「ドイツ連邦を解体して、北ドイツを統一する」という十数年来の夢も水泡に帰する。ナポレオン３世はそのことを承知の上で、「フランスが好意的中立の立場をとってやる代償として、私の領土拡大要求に賛成しろ」と迫ったのである。

ビスマルクはこの要求を呑んだ。しかしこのビアリッツ会談で両者がどのような合意をしたか、という外交記録は残されていない。この会談は、補佐官をすべて排除した「二人だけの密談」であり、両者とも会談の記録を一切残さなかったからである。しかし多くの歴史家が、１８６５年から６７年にかけてナポレオン３世が周囲の諸国にどのような領土拡大要求を突き付けていたか、という史実から、「ビアリッツ密談」の内容を推測している。

密談の内容として一般に推測されているのは、ナポレオンが「ベルギーとルクセンブルクを、フランスの勢力圏に入れたい。ライン河西岸地域にフランス領（もしくは勢力圏）を拡張したい」という要求を突き付け、ビスマルクが「フランスの要求に反対しない。前向きに検討する」と口約束したらしい、ということである。しかも「稀代の策士」を自任するナポレオン皇帝は、普墺戦争の直前にオーストリアとも密約を結び、フランスが好意的中立を保つ代償として、「仏政府がライン河西岸地域と南ドイツ（バイエルンとヴュルテンベルクとバーデン）に勢力圏を拡大することに、墺政府は反対しない」と約束させていた。

「普墺両国に、フランスの勢力圏拡大政策を吞ませることに成功した」と思い込んでいたナポレオン3世は、「普墺のどちらが戦争に勝っても、私は領土（または勢力圏）を拡大できるのだ！」とほくそ笑んでいた。自信満々の「策士」ナポレオンは、普墺両国を相手にこのような貪欲な秘密交渉をしたことが、四年後（1870年）、自らの失脚（普仏戦争での敗北）を惹き起こす結果となるとは、予想もしていなかったのである。ビスマルクを狡猾に利用したつもりのナポレオンは、結局、ビスマルクにしてやられたのであった。

対墺戦争後の融和政策

「普仏のビアリッツ密談」後、普墺関係は着々と悪化し、1866年の春には普墺両国とも開戦を決意していた。オーストリアは、対普戦争の勝利を確信していた。オーストリアだけでなくほとんどのドイツ諸侯国とフランスも、「オーストリアが勝つだろう」と予測していた。ハプスブルク帝国は、長い歴史と広大な領土を持つ世界第一級の帝国である。中世時代から続く、スーパー・パワー（超大国）である。その華麗なる大帝国が〝北ドイツの粗野な成り上がり者国家プロイセン〟に負けるだろう、などと予測した者は少数であった。

しかし６６年６月中旬に開始された普墺戦争は、たった二週間半でけりがついてしまった。軍事戦略においても戦闘技術においても兵士の士気・鍛錬においても、〝成り上がり者国家〟プロイセンが文化的に洗練された大帝国オーストリアを圧倒したのである。プロイセン軍幹部はますます士気高揚し、そのまま進軍を続けて首都ウィーンを占領することを目指した。プロイセン国王と軍部は、「我々は、不正で傲慢な墺政府を厳しく処罰する。領土を割譲させ、巨額の賠償金を取り立てる」と息巻いた。

その時、大勝利によって舞い上がっていた国王と軍の幹部にストップをかけたのが、〝武断主義者〟ビスマルクであった。彼は、「ウィーン占領を避けるべきだ。我々はこれ以上、戦争に勝つ必要はない。オーストリアを、これ以上弱体化させないほうが良い。プロイセンは何時《いつ》の日か、オーストリアからの助力を必要とする状況に遭遇する。すでに敗北しているオーストリアから、領土を獲ったり賠償金を取り立てたりする必要はない」と主張したのである。この発言に、国王と軍部は怒った。国王は、「オーストリアは、我々に戦争を仕掛けてきた不道徳な国家である。その不正な国を我々が処罰するのは、当然ではないか」と反論した。

これに対してビスマルクは、「陛下、敗戦国に対する処置は裁判ではありません。**我々は裁判をやっているのではなく、国際政治をやっているのです**。今後の国際政治をどう運営していくのか、その視点からオーストリアに対する処置を決めるべきなのであります。戦争に負けたオーストリアを〝道徳的に劣っている〟と決めつけて、**彼らに大きな屈辱を与えても、国際政治の問題は何も解決されないのです**」と説明したのである。日頃から、「国際政治に、自らの道徳判断や政治イデオロギーや好き嫌いの情緒を持ち込むべきではない」と主張していたビスマルクらしい発言であった。

ビスマルクと国王と軍の幹部は数日間、「戦争を継続すべきか、領土割譲を要求すべきか、賠償金を取り立てるべきか」という問題で激論を続けた。ビスマルクは、完全に孤立した状態であった。しかし彼は、興奮して泣いたり叫んだり懇願したり皿やカップを叩き割ったり「私の言うことを聞き入れてくれないのなら、四階の窓から投身する」と脅迫したりして、国王をかろうじて説得することに成功した。

しかし目立つ戦果を欲しがっていた軍部は憤激し、デンマーク戦争以降険悪化していたビスマルクと軍部の関係は、ますます悪くなった。当時、ビスマルクは妻に宛てた手紙で、「我々はオーストリアに対して、過大な要求をすべきではない。プロイセン人は浅薄であり、すぐ調子に乗る。彼らは周囲の三大国［仏露英］がプロイセンの戦勝に嫉妬し、プロイセンを憎んでいることを全く理解していないのだ」と述べている。〝**鉄面皮〟なくせに慎重で用心深いビスマルクは、「普墺戦争に勝って調子に乗ると、仏露英三帝国に復讐される」と心配していたのである。**

ビスマルクの「プロイセンはこれ以上、戦争に勝つ必要はない。オーストリアを弱体化させないほうが良い」という外交判断は、19世紀初頭のタレーラン仏外相の判断に似ていた。初代ナポレオン皇帝がハプスブルク帝国を叩きのめすことに熱中していた時、反戦的な外相であったタレーランはナポレオンに手紙を送り、「ハプスブルク帝国を破壊するのは、陛下の御自由です。しかし長期にわたって多民族を統治してきたハプスブルク帝国は、一種のモデル国家であります。この帝国を破壊したら、二度と元に戻ることはありません。その後の国際政治には、混乱状態が残るだけです。そのことを御了承ください」と述べていた。普墺戦争に敗北したハプスブルク（墺）帝国を温存しようと努めたビスマルクと、同じ発想であった。

北ドイツの統一

プロイセンが驚くほど短期間でオーストリア軍を打破し、北ドイツ地域の統一を成し遂げたのを見て、ナポレオン3世は焦った。彼は「普墺戦争では、オーストリアが勝つだろう」と予測していたのである。ナポレオン3世は〝好意的中立〟を保った代償として、墺政府からライン河西岸地域と南ドイツ地域の支配権を受け取る魂胆であったが、その目論見は外れてしまった。そこでナポレオン3世は性急な態度で、ビスマルクに「私は戦争中に中立を維持してあげたのだから、「プロイセンは今後、南ドイツ地域に勢力を拡張しない」と約束せよ。フランスが（プロイセン領の）ラインラントの一部と南ドイツのバイエルン王国・ヘッセン大公国の一部を自国領土とすることを承認せよ」と迫ったのである。ナポレオン3世は、〝普墺戦争の漁夫の利〟を確保しようと焦っていた。

フランス軍はまったく戦闘に参加しなかったのに、〝普墺戦争の戦果〟だけはたっぷり獲得しようとするナポレオン3世の態度に、ビスマルクは呆れた。ビスマルクは1850年代から66年の春まで、一貫して親仏派の外交家であったが、ナポレオン3世の厚顔で軽率なオポチュニズム（無節操な便乗主義）に幻滅したのである。しかもナポレオン3世自身、「ウィーン会議で設置されたドイツ連邦を解体するためビスマルクが実行した普墺戦争を、フランスが容認した」という自分の外交判断が、どれほど愚かなものであったかということを理解していなかった。

すでに述べたようにドイツ連邦は、①ドイツ連邦共通の防衛政策を構築することにより、仏露によるドイツ侵攻を防ぐ、②三五諸侯国の君主制を維持して、ドイツの統一を阻止する、③17世紀以降、最もアグレッシブな領土拡大策を実行してきたプロイセンを、ドイツ連邦体制の中に封じ込めておく、という三つの機能を果たしていた。南ドイツ諸国とラインラントに領土的野心を持つナポレオン3世は、このドイツ連邦の機能①を敵視して、「ドイツ連邦を解体すれば、フランスはドイツ圏に進出できる」と思い込んでいた。しかし彼は、ドイツ連邦の機能②と③が「ドイツ諸国の統一を防ぎ、軍国プロイセンの攻勢からフランスを守る」という重要な役割を果たしていたことを、理解していなかったのである。これは彼にとって（そしてフランスにとって）致命的な無理解であった。

ビスマルクは常に闘志満々のドイツ統一論者であったが、1852年から66年春まで彼が構想していた「統一ドイツ」とは、北ドイツ地域の統一であった。ビスマルクは「南ドイツ諸国まで、プロイセン指揮下の統一ドイツに入れる必要がある」とは思っていなかったのである。しかし1866年の夏、ナポレオンが南ドイツ地域に対する拡張欲を剝き出しにしたのを見て、ビスマルクは「北ドイツの統一だけでは、中欧地域は安定しない。南北両ドイツを統一しないと、南ドイツ諸国は周囲の列強国の餌食となってしまう」と考えるようになった。

それまでのビスマルクは、「普墺戦争を終えて北ドイツを統一すれば、私の仕事は完成する」と考えていた。彼は対墺戦争の勝負がつくと、即座に妻に手紙を出して、「これで私の仕事はすべて終わった。私の人生で、これ以上やることは何もない」と書いている。自分の部下に対しても、「我々の世代の課題は達成されたのだ。我々の仕事はこれで十分だ」と述べていた。しかしナポレオン3世の露骨な勢力圏拡張欲を見せつけられたビスマルクは、普墺戦争の後に普仏戦争も敢行して、南北ドイツ統合の事業を完成する必要性に直面したのである。

ビスマルクが南北ドイツ統一のために普仏戦争をやらざるを得なくなった理由が、もう一つあった。ドイツ・ナショナリズムである。彼は普墺戦争を正当化する口実として、ドイツ・ナショナリズムを頻繁に利用した。ドイツ人のナショナリズムを覚醒させ、鼓舞することによって、対墺戦を敢行したのである。戦争正当化のためにナショナリズムを利用したビスマルクは、戦勝後、「北ドイツ地域の統一だけで十分である。南ドイツ諸国のバイエルンやヴュルテンベルクやバーデンまで、ドイツ統一の企画に入れる必要はない」とは言えなくなった。ドイツ世論（特に自由主義・民主主義派の世論）が「ドイツ統一事業の完成」を声高に要求するようになったからである。ビスマルク自身は以前から、「カトリック信者が大部分の南ドイツ諸国と一緒になって、我々プロイセンのプロテスタント教徒が統一国家を創る必要はない」という意見であった。しかし露骨な〝カトリック嫌い〟であったビスマルクですら、「南北ドイツの統一は民族の悲願」というドイツ・ナショナリズムに逆らえなくなったのである。

ビスマルクは、敗北したオーストリアと寛大な講和条約を結んだ（同時期に墺帝国は国内のハンガリー民族のナショナリズムが抑えられなくなり、オーストリア＝ハンガリー帝国に改組された。以下の拙稿ではオーストリアと短縮する）。プロイセン国内ではビスマルクの人気が急上昇し、前年まで不評だった〝粗野で乱暴な鉄血宰相〟ビスマルクは突然、「国民的な英雄」となった。ビスマルクの写真やマスコットが飛ぶように売れた。そして1866年夏の総選挙で、政府を支持する穏健な保守党が初めて議会の多数派となった。1862年から続いていた「憲法違反の無予算統治」という異常な国内政治は、やっと終了したのである。

1867年にビスマルクが起草した北ドイツ連邦憲法は、君主主義と民主主義の奇妙な混合であった。帝国議会は全国民（男子）が平等な投票権を持つ普通選挙によって選ばれたが、立法行為には、二五の北ドイツ諸侯国によって構成される連邦参議院の同意が必要であった。外交・軍事に関する指導権はプロイセン国王が握り、北ドイツ連邦首相もプロイセン国王が任命した。帝国議会の多数派は首相の提案する立法や財政に対して拒否権を行使することができたが、首相を解任する能力はなかった。この北ドイツ連邦憲法は、日本の明治憲法に大きな影響を与えた。

1862〜66年の四年間、国王とビスマルクは何度か、「国内の統治と対外戦争に失敗すれば、我々は二人とも殺されるだろう。死ぬ時は一緒だ」と話し合っていた。この期間、二人は何度も、国内政争と戦争でギリギリの窮地に追い詰められる経験をしたのである。国王とビスマルクは性格が違い、教養や思考力のレベルも違っていた。国王はしばしば、政策解説や情勢分析に関するビスマルクの上奏（報告や説明）が理解できなかった。この二人は、必ずしも相性が良いわけではなかった。それにもかかわらず**彼らは「死ぬ時は一緒だ」という覚悟を共有していたのである。**

ヴィルヘルム1世は、勉強は苦手だが勇気ある軍人であった。奢侈を嫌う禁欲的な頑固者であった。普墺戦争の際、彼は69歳の高齢にもかかわらず総司令官の軍服を着て騎馬に跨がり、砲弾と銃弾の飛び交う最前線に出陣して長時間の戦闘視察を行った。「ここで国王に戦死されては困る」と感じたビスマルクは、国王の跨がる馬の腹を鋭く蹴飛ばして、国王を無理やり安全地帯に連れ戻したほどである。ビスマルクが思い切った国内改革と戦争を敢行できたのも、「内政と戦争に失敗すれば、自分とビスマルクが殺されるのもやむを得ぬ」という覚悟を持つ老国王に仕えていたからであった。

南北ドイツ統合という「史上最大の事業」

対墺戦に勝利したビスマルクは、北ドイツ連邦の建設という大事業を遂行しながら、次の戦争準備を始めた。プロイセンの成功に嫉妬して「南北ドイツの統一を阻止したい」という態度を見せ始めたナポレオン3世に対する戦争である。1850年代のビスマルクは「普仏同盟を作って対墺戦争を決行し、ドイツ統一を達成したい」と熱望する親仏派であった。しかし1867年のビスマルクは、「ドイツ統一のためには、対仏戦争が必要だ」と考える反仏派になっていた。彼は「外交政策の判断から、一切の主義や好き嫌いの情緒を排除すべきだ」と考えるリアリスト外交家であったから、ドイツ統一完成のために「親仏」から「反仏」にあっさり変身したのである。

過去一二年間、ナポレオン3世と「緊密な友好関係」を維持していたビスマルクは、最近のナポレオン皇帝の「策士ぶり」や「英雄気取り」に対して、不信感を抱くようになっていた。ビスマルクは当時、以下のように述べていた。

プロイセン国王が戦争に失敗しても、国民が長い歴史と伝統を持つ国王家に対する忠誠心を失うことはない。しかしナポレオン3世のような［成り上がり者の］〝冒険家〟国王は、自国の国民からそのような永続性のある忠誠心を期待できない。〝冒険家〟国王は、自分の権力と地位を維持するために、国民の前で常に「栄光」と「成功」を誇示し続ける必要がある。最近、ナポレオン3世は［メキシコ侵略戦争の失敗によって］「栄光」を失ってしまった。彼は失われた「栄光」を回復するために、何らかの口実をつけて我々に対して普仏紛争を仕掛けてくるだろう。彼は不安に駆られて行動しているからだ。

†1851年のクーデター行為によって「皇帝」に成り上がったナポレオン3世は、伯父の初代ナポレオン皇帝と同様に、「常に対外戦争に勝ち続ける」という〝軍事的な栄光に満ちたパフォーマンス〟を繰り返す必要があった。そのため彼は、1853年のクリミア戦争、56年の対清アロー戦争、58年のインドシナ戦争、59年のイタリア統一戦争と、頻繁に戦争を繰り返していた。

しかし1861～67年のメキシコ侵略戦争に大失敗してナポレオン3世の国内における権威はぐらつき始め、焦っていた。彼は新しく建設された北ドイツ連邦に対して、挑戦的で攻撃的な態度をとらざるを得ない国内事情に直面していた。ビスマルクは勿論、そのことを承知していた。ビスマルクは〝冒険家皇帝〟ナポレオン3世を軽蔑しつつ、彼が苦しい立場に置かれていることを理解していたのである。

普仏戦争の起爆剤

ビスマルクだけでなく、重要閣僚のローン陸相やモルトケ参謀総長も「ドイツ統一のためには、普仏戦争やむなし」と考えるようになっていた。そこで普仏戦争を惹き起こすため、ビスマルクは二つの「事件」を利用したのである。一つ目は「ルクセンブルク事件」であった。

1866年の普墺戦争講和の際、ナポレオン3世は「ベルギーとルクセンブルクをフランスの勢力圏に入れたい」という希望を述べた。これに対してビスマルクは、「貴国の要求に反対しない」と答えていた。そこで67年からナポレオンは、ルクセンブルクの統治権を持つオランダ王から、ルクセンブルクを買い取る交渉を始めた。ナポレオンは「ビスマルクは当然、この買い取りを承諾するだろう」と考えていた。ところがドイツ国内のナショナリストが「ルクセンブルク人はドイツ系だから、フランスに買い取らせるべきではない」と騒ぎ始めると、ビスマルクは突然、買い取り交渉を妨害し始めたのである。ナポレオンにとって、これは露骨な裏切り行為であった。フランス世論は、この「ルクセンブルクの屈辱」に激昂した。

普墺戦争の開始前、ナポレオンは「普墺のどちらが勝っても、私はベルギー、ルクセンブルク、ライン河西岸、南ドイツ地域に、フランスの勢力圏を拡大できるのだ」と信じていた。彼は、「私はフランスの勢力圏拡大策を、普墺両政府に認めさせたのだ」と思い込んでいた。しかし戦争が終わってみたら、これらの「勢力圏に関する約束」はすべて蜃気楼のように消えてしまったのである。1861〜67年のメキシコ侵略に大失敗し、しかも「普墺戦争への対応でも私は大失敗した！」と気づいた〝策士〟ナポレオンは、激しい焦燥感に襲われた。「このままでは、私の皇帝の地位が危うくなる」という焦燥感である。

追い詰められていたナポレオンにとって不幸なことに、その翌年（１８６８年）、もう一つの「事件」――「スペイン王位継承事件」が発生した。機敏なビスマルクは即座に「この王位継承問題は、対仏外交の材料として使える」と反応した。彼はこの問題を、フランス人を憤慨させ、挑発するために利用したのである。

１８６８年、スペインでクーデターが発生し、悪評だった女王が追放された。政権を握った軍部は、次の国王にふさわしい人物を探し始めた。翌６９年になると軍部は、プロイセンのホーエンツォレルン王家親戚のレオポルト王子を、次のスペイン王にすることを望むようになった。ビスマルクはこの案を歓迎した。このスペイン王位継承案が実現すれば、ホーエンツォレルン系の二人の国王が君臨するドイツとスペインが、「北東と南西からフランスを挟みつける」という地政学的構造が出現するからである。そうなると16～17世紀に、「ハプスブルク家がフランスの北側の神聖ローマ帝国と南側のスペイン帝国を支配して、フランスを挟みつけていた（封じ込めていた）」という状況と同じ構造が出来上がる。ビスマルクは、「ホーエンツォレルン家によるドイツ・スペイン両国の王位獲得が実現すれば、フランス人は激昂するだろう」と予測した。彼はその反撥を、普仏戦争を惹き起こすための起爆剤として利用するつもりだったのである。

しかしホーエンツォレルン家のヴィルヘルム1世とレオポルト王子は、スペイン王位の継承を嫌がった。北ドイツと違ってスペインは、政情不安定な国である。二人とも正直者であり、「あんな不安定な国の政治のゴタゴタに巻き込まれるのは嫌だ」と思っていた。そのためこのスペイン王位継承案は一旦、破棄された。

フランスを罠に嵌める

ところがビスマルクは、諦めなかったのである。意志強固な彼は、不忠・不敬にも自国の国王と王子の「御意向」をあっさり無視して、1870年の初頭、側近の部下数名をスペインに秘密派遣して王位継承プランを復活させた。彼は、普仏戦争を惹き起こす絶好の起爆剤となる「スペイン王位継承問題」を、簡単にギブアップするつもりはなかった。ビスマルク最側近の部下であったローター・ブハーは後年、「この王位継承問題は、フランスを罠に嵌めるためのものだった」と回想している。ドイツ統一のためには普仏戦争が必要である、そのためにはホーエンツォレルン王家の「御意向」をあっさり無視してもスペイン王位継承案を強引に実現させる、というのが「忠臣」ビスマルクのやり方であった。

フランス国民は1870年7月、「ホーエンツォレルン家によるスペイン王位継承」というニュースを知らされた。彼らは憤慨し、激昂した。ビスマルクが予測した通りであった。仏マスコミは、ドイツに対する誹謗中傷と罵詈雑言の洪水となった。仏外相グラモンは議会で、ドイツを非難する好戦的でヒステリカルなスピーチを行った。このフランスの激烈な反応に（そもそも最初から王位継承に乗り気でなかった）ヴィルヘルム1世とレオポルト王子は幻滅し、二人とも「スペインの王位継承を断る」と言い出した。これはビスマルクにとって大きな失望であった。

70年7月12日、ビスマルクとローン陸相とモルトケ参謀総長はベルリンで会合を開き、自分たちの悲運を嘆いた。彼らは年初から「遂に対仏戦争を実行するチャンスがきた。フランスを叩きのめして、南北ドイツを統一するのだ！」と決意して、着々と開戦の準備をしてきたのである。しかし彼らの戦争プランは、水泡に帰してしまった。精魂を尽くして臨戦態勢を整えたモルトケ参謀総長は、失望と怒りのため顔を紅潮させていた。ビスマルクは、「私は［ドイツ統一のための対仏決戦という］史上最大の事業を敢行しようと準備してきたのに、国王の不愉快な行為によってそれが不可能になってしまった」と嘆いた。「忠臣」ビスマルクらしい嘆きであった。

ところが翌13日、情勢はまた大逆転したのである。ナショナリスティックで軽率なグラモン仏外相は、ベルリン駐在のフランス大使に、「国王ヴィルヘルム1世から、「ホーエンツォレルン王家の者は未来永劫にスペイン王とならぬことを、フランス政府に誓約します」という証言を取ってこい」と命令したのである（一国の外相が他国の国王から、「未来永劫に私は○○しないことを貴国に誓います」という証言を取ろうとするのは、極めて無礼で非常識な行為である）。

フランス大使は即刻、保養先（エムス）に居たヴィルヘルム1世に会って、この非常識な「国王陛下の誓約」を要求した。ヴィルヘルム1世はすぐさま電報で、この要求を突きつけられたことをビスマルクに伝えた。前日、普仏戦争が不可能になったことを同僚と嘆いていたビスマルクは、この「仏政府によるプロイセン国王侮辱事件」に嬉々として飛びついた。彼は即座にヴィルヘルム1世から受け取った電報内容を新聞にリークしたのである（エムス電報事件）。

この電報のリークによって、独仏両国の世論は爆発した。プロイセン国民だけでなく南ドイツ諸国の国民も、フランス政府の普国王に対する無礼な要求に唖然とした。独仏のマスコミは激烈な非難合戦を繰り返し、国内ですでに不安定な立場にあったナポレオン3世は、宣戦布告せざるを得ない窮地に追い込まれた。フランス大使がヴィルヘルム1世に無礼な要求を突きつけた六日後に、普仏両国は交戦状態に入った。ビスマルクは遂に、彼が粘り強く仕組んだ「史上最大の事業」（普仏決戦）を開始することに成功したのである。

†戦前の日本の軍部もビスマルクと同様、「陛下の御意向」を口にしながら自分勝手に戦争を仕掛けていた。しかし日本とプロイセンが違っていたのは、ビスマルクが「国家統一」に必要な戦争を終えたら、私はもう二度と戦争しない」と最初から明確に決めていたのに対し、日本には、そのような冷静で堅固な戦略観がなかったことである。

「人生最大の失敗」

1870年7月19日に開始された普仏戦争は、9月2日のセダンの戦いで勝負がついた。この戦場でナポレオン3世は、プロイセン軍の捕虜となった。しかしフランス国民はプロイセンとの講和を拒否して第三共和政を設立し、パリに立て籠もって徹底抗戦を続けた。対墺戦と同様に対仏戦でも「限定戦争による早期終戦」を望んでいたビスマルクにとって、思わぬ誤算であった。パリ包囲戦は翌年1月まで続き、プロイセン軍はヴェルサイユ宮殿に総司令部を設置して戦争を続行した。開戦当初から、パリの包囲と占領を避けたかったビスマルクは、連日、軍部や国王と激しく対立して極端に不機嫌であった。多くの軍幹部が、ビスマルクと口を利かなくなってしまった。

プロイセンとフランスの臨時政府が早期講和に至らなかったのは、普政府が講和の条件として、フランス北東部のアルザス・ロレーヌ地域の割譲を要求したからである。臨時政府はこの講和条件を峻拒した。この領土割譲問題に関して普仏両国は、まったく妥協しようとしなかった。

アルザス・ロレーヌは9世紀からドイツ文明圏であり、ハプスブルク家が支配する神聖ローマ帝国に所属していた。住民の大部分はドイツ系であり、母国語もドイツ系言語であった。しかしこの地域は17世紀末から、徐々にフランス圏に編入された。そのため仏国民の多くは「アルザス・ロレーヌがフランスの領土であることは、議論の余地なき真実である」と思い込んでいた。しかし大部分のドイツ人は、「歴史的・民族的・言語的な視点から、アルザス・ロレーヌが過去一〇〇〇年間以上ドイツ文明圏に所属してきたことは明白である」と思っていた。普国王も軍部もリベラル派の政治家と言論人も、「この一世紀半の間、フランスに盗まれていたアルザス・ロレーヌをドイツが取り返すことは正義だ」と確信していた。

デンマーク戦争と普墺戦争において「敗戦国から領土を獲るべきでない」と主張していたビスマルクも、普仏戦争では、ドイツ国民の強い領土獲得要求に賛成せざるを得なくなっていた。後年、ビスマルクは何度も、「**フランスからアルザス・ロレーヌを獲ることに同意したのが、私の人生の最大の失敗だった**」と語っている。しかし当時のビスマルクは、この要求に同意していた。そしてプロイセン軍は、パリに立て籠もるフランス臨時政府と四ヵ月間の包囲戦を続けた。この包囲戦のために多数の戦死者・病死者・餓死者が生じ、フランス人は激しい対独復讐心を抱くようになった。この復讐心は、第一次世界大戦まで続いたのである。

†1870年9月、ナポレオン3世が降伏した時、ビスマルクは、「敗戦国の国王と国民を処罰するのは、戦勝国の政治家の仕事ではない。敗戦国に対する処罰は、「神の審判」に

任せるべきである。他国民に対する復讐は、政治家の任務ではない。政治家の任務は、二度と戦争が起きないような戦後処理を行うことである」と述べていた。ビスマルクは欧州のほとんどの戦争に関して、この「復讐は神に任せよ」という方針を貫いた。しかし彼は普仏戦争の時だけは、領土割譲を求める圧倒的多数のドイツ国民の要求に同意してしまった。ビスマルクはこの失策を一生涯悔いていた。

ヴェルサイユ宮殿におけるドイツ帝国誕生

ビスマルクは包囲戦の最中に、ヴェルサイユ宮殿において南北ドイツ統一のための交渉を行い、ドイツ帝国創設条約を締結した。1867年に創った北ドイツ連邦に、南ドイツの四諸侯国（バイエルン、ヴュルテンベルク、バーデン、ヘッセン）を加入させる交渉である。ビスマルクはこれら四国に露骨な圧力をかけるのを避けて、巧みな説得とお世辞、政治的譲歩と巨額の資金（賄賂）供与によって、「南ドイツ諸侯国の君主たちは自発的に北ドイツ連邦に参加し、統一ドイツ帝国を創った」という建国プロセスを演出した。

面白いことに、このドイツ統一のためのプロセスにおいてビスマルクが最も苦労したのは、自らの国王ヴィルヘルム1世に対する説得であった。ヴィルヘルム1世は「ドイツ皇帝」という自分の新しい称号に「Kaiser von Deutschland（ドイツ領に君臨する皇帝）という言葉を使うべきだ」と主張した。しかしビスマルクは「それはあまりにも偉そうな称号であり、他のドイツ諸侯国の国王たちのプライドを傷つける。新皇帝の称号はもっとシンプルなDeutscher Kaiser（ドイツの皇帝）にして欲しい」と国王に頼んだ。しかし頑固な国王は、聞く耳を持たなかった。この称号問題に関して普国王とビスマルクは互いに譲らず、この些細な問題が原因で、二人はほとんど口を利かなくなってしまった。ビスマルクは妻に宛てた書簡で、「ドイツ諸侯国の国王たちは勝手な言動ばかりして、私を苦しめている。しかも普国王も、まるで女みたいに些細なことにこだわっている。国王たちは、私を頻繁に苛立たせるのだ」と愚痴を述べている。

†ビスマルクは引退後、「国王や皇帝による統治は、女による統治である。私がもう一度人生を繰り返すとしたら、次の人生では共和主義者や民主主義者になろうと思う」と述べていた。ビスマルクは首相在任中、自分は君主主義陣営に所属しながらも、必要な場合には自由主義陣営や民主主義陣営とさっさと妥協していた。彼は本音では、「国王や皇帝なんて、女みたいな連中だ」と思っていたのである。ビスマルクは生涯、ヴィルヘルム1世に対して本物の忠誠心と尊敬心を抱いていた。しかし同時に彼は、思考力が狭くて「些細な

ことにこだわる」自らの国王に呆れていた。ビスマルクという人は、そういう複雑な性格の人であった。

1871年1月、**ビスマルクとヴィルヘルム1世がドイツ帝国を創立したことにより、欧州外交の構造は根本的に変化した**。すでに解説したように、17世紀の中頃から（19世紀初頭のナポレオン戦争の時期を除いて）上手く機能していたバランス・オブ・パワーの外交システムが、統一されたドイツが強くなりすぎたために機能しなくなったのである。

当時の欧州には、この危険性に気づいていた人がいた。例えばフランスの七月王政（1830〜48年）で首相を二回務め、1871年に第三共和政の初代大統領となった優秀な歴史学者ティエールは、普墺戦争の直前、「この戦争によってドイツ諸国が統一されたら、フランスは独立を失うだろう。そして欧州の勢力均衡システムは、破壊されることになるだろう」と予告していた。

プロイセン宰相に就任する直前（1862年）のビスマルク大使から、「私が首相になったら、対墺戦を敢行する。そしてドイツを統一するのだ」と予告されていたディズレイリ（イギリス保守党党首）も、71年にビスマルクが本当にドイツ統一の大業を完遂したことに、強いショックを受けた。彼は、「これはドイツによる革命である。フランス革命よりも重大な意味を持つ、政治的な大事件である。これによって我々は、新しい世界に直面することになった。バランス・オブ・パワー体制は完全に破壊されたのだ！」と叫んだのである。優れた国際政治観を持つ鋭才のティエールやディズレイリは、「統一されたドイツ帝国出現」の脅威を即座に察知できたのであった。

ドイツの社会学者マックス・ウェーバーは、1916年（第一次世界大戦の最中）、「こんな大戦争に巻き込まれることになるのだったら、我々は「中小諸侯国によって構成されるドイツ圏」という以前の状態を続けることもできたのだ」と述べている。生真面目な愛国者であったウェーバーでさえ、ビスマルク退陣後の「統一された強すぎるドイツ」が欧州のバランス・オブ・パワー体制を壊してしまったことに、深く失望していたのである。

ドイツ統一は、ビスマルクにとって「史上最大の事業」であった。しかし「強すぎるドイツ」という猛獣を飼い馴らして、危険に満ちた欧州外交を巧みに操作していく能力を持っていたのは、この〝不世出の天才〟ビスマルクだけであった。彼の後任となった凡庸なドイツ宰相や外相には、まったく真似の出来ない達人芸であった。**彼の「史上最大の事業」は、20世紀ドイツの悲劇、そして欧州政治の悲劇となったのである。**

3章

ビスマルクⅢ（1871～90年）

ドイツ統一後の避戦主義外交と欧州均衡体制（ビスマルク・システム）

「リベラルなビスマルク」と「保守的なビスマルク」

歴史家の多くは、**1867～77年のビスマルクを「リベラルなビスマルク」**そして**1878～90年のビスマルクを「保守主義のビスマルク」**と分類している。1867年に北ドイツ連邦の宰相に就任した後、約一〇年間のビスマルク統治は、18世紀後半期のクラシカル・リベラリズム（古典的自由主義）のパラダイムにかなり忠実なものであった。イギリスの代表的な自由主義思想家であるアダム・スミスやJ・S・ミルが賛成するようなリベラルな統治であった。この一〇年間のビスマルクは、自由経済、自由貿易、立憲主義、経済・社会問題に対する政府の不介入主義、反帝国主義等の思想を、忠実に実践していたのである（普墺戦争と普仏戦争はドイツを統一するための戦争であり、帝国主義を実践するための戦争ではなかった）。

この時期のビスマルクは、当時のドイツ議会の最大政党であった国民自由党（資本家とアッパー・ミドルクラス層の利益を代表した政党）と緊密に協力して立法行為を行っていた。彼は近代主義（進歩主義）的な政策を採用することが多かった。そのため彼は、自由主義に好意を持たないヴィルヘルム1世やユンカー貴族階級としばしば衝突していた。ビスマルクが政権内で登用した閣僚・学者・高級官僚の多くが、イギリス的な自由主義思想の信奉者であった。

†ただし1871〜78年、ビスマルクは文化闘争（Kulturkampf）と呼ばれた苛烈なカトリック迫害を行っている。この迫害によって、数千人の司祭が懲役刑もしくは国外追放処分を受けた。カトリック関係者はすべての教育制度から排斥され、政治問題に関する意見を述べることすら禁止された。ジェズイット（イエズス会）は国外追放されて、カトリックの修道院もすべて閉鎖された。ローマ時代の後半期から18世紀にかけて、カトリック修道院とジェズイットが西欧諸国の高等教育機関と学問・芸術の高水準を維持するためどれほど大きな貢献をしたかを知る者にとって、このKulturkampfは信じ難い蛮行であった。

しかしドイツ議会の多数派であった国民自由党と、当時のドイツの金融業とマスコミを支配していたユダヤ人たちは、このKulturkampfに大喜びしていた。ドイツの〝リベラルで開明的〟な政治家と言論人たちは、ドイツ帝国内の宗教的な少数派である〝知的・道徳的に劣等なカトリック〟が、「言論の自由」「宗教活動の自由」「政治行動の自由」等の基本的人権を剝奪されたことを、歓迎していたのである。

この熾烈なKulturkampfはドイツ国内のカトリック勢力を弱体化させるのには何の役にも立たなかったが、ドイツ国民全体のキリスト教に対する不信感や侮蔑感を強めるには大きな役割を果たした。1870年代以降、多くのドイツ国民が、過去一六〇〇年間、西欧文明の基盤となってきたキリスト教的な世界観と人間観を失っていったのである。そして形而上的な価値規範を持たなくなったドイツ人は、マテリアリズム（物質主義）、技術崇拝主義、社会主義、共産主義、ニヒリズム、覇権主義、ファシズム、ナチズム等の粗悪なイデオロギーに惹かれていった。

ビスマルク自身は後年、「Kulturkampf は、国民自由党に頼まれたから実行したのだ」と弁解していた。しかし彼自身のカトリックに対する周知の侮蔑感から見て、本当に「リベラル勢力から頼まれたからやった」だけなのか、疑問である。ちなみに欧米諸国の〝リベラル〟な知識人や〝進歩的〟なユダヤ人がカトリックに対して露骨な侮蔑を剝き出しにするのは、21世紀になっても続いている現象である。

「辛抱強い徳川家康」

イギリスの外交史家A・J・P・テイラーによれば、1867～77年のビスマルクは「英自由党のグラッドストン首相にそっくりのリベラリズムを実行していた」。しかし1878年頃からビスマルクの内政と外交は、明瞭に保守化していった。自由放任主義や夜警国家的な不干渉主義を実行するだけでは、解決できない経済問題と社会問題が累積してきたのである。

ビスマルクは約一〇年間、資本家とアッパー・ミドルクラス層の利益を最優先するリベラルな経済政策を実施したが、その結果、ドイツ国内の貧富の差は目に見えて拡大してしまった。そのため「金持ち優先」の自由主義に不満を持つ労働者の中に、社会主義運動を支持する者が増えてきた。さらに1873年以降の世界的な不況の広がりによって、自由貿易主義を捨てて保護貿易体制に移行する先進諸国が増えてきた。そのためドイツの基幹産業や農業にも、保護主義を求める声が強くなった。

†しかも1878年には社会不安の悪化を反映して、ヴィルヘルム1世に対する暗殺未遂事件が二回も起きている。二度目の未遂事件では、81歳の皇帝が被弾して瀕死の重傷を負った。

「自由放任主義や不干渉主義といった単純な原理原則を振り回すだけでは、ドイツを運営できない」と悟ったビスマルクは、矢継ぎ早に介入主義的な政策を実行していった。1878～90年の「保守的なビスマルク」の誕生である。

例えば彼は1878年、社会主義鎮圧法を制定して、国内の社会主義運動を抑圧した（ただし社会主義者が帝国議会の議員となって、社会主義的な立法活動を行うことは容認した）。

そして1879年には、保護関税を立法化している。この社会主義鎮圧と保護貿易に対する政策に関して、当時のドイツの最大政党であった国民自由党は穏健派（親ビスマルク派）と革新派（反ビスマルク派）に分裂してしまった。ドイツ・リベラリズムの中核であった政党が、この分裂によって勢力を弱めたのである。

さらに1881年から88年にかけて、ビスマルクはもっと顕著な介入主義を実行している。**人類初の社会保障制度の創設である**。1880年代のドイツは、労災保険・医療保険・老齢年金を立法化した。これらの社会保障は、今日の社会保障制度に比べると明らかに不十分なものである。しかし人類の歴史において初めて「国家が、最も貧しい労働者と農民に対して医療保険と年金制度を提供する」という画期的な福祉政策を実行したのである。ビスマルクは1870年代から、「**社会主義運動を阻止したいのなら、社会主義者の提唱している政策の中で良いと思えるものをどんどん実施していく必要がある**」と主張していた。彼はこの考えを実行したのである。

1878年に社会主義運動を抑圧する法律を立法化し、その数年後には明らかに社会主義的な要素を含む社会保障制度を実施するというのが、「イデオロギーや価値観や情緒に囚われず、国内と国外における諸勢力間のパワー・バランスを維持する」というビスマルクのやり方であった。彼は国内の政治勢力に対しても国外の列強諸国に対しても、冷静狡猾で打算的なバランス・オブ・パワー・ポリティクスを実行したのである。「常に複数の政策選択肢を温存しておく。特定の外国政府や特定の国内勢力に対するオーバー・コミットメントを避ける」というのが、慎重で敏捷なビスマルクの政治行動パターンであった。国内と国外の政敵にとって、彼は「煮ても焼いても食えないビスマルク」なのであった。

1878〜90年のビスマルクは、介入主義的な保護主義者であった。彼の保護政策の対象は三つであった。それらは、①大規模な農地を所有するユンカー領主層に対する保護、②英米に匹敵する工業力を持つようになったドイツ産業家に対する保護、③無産階級の労働者と農民層に対する保護、であった。**ビスマルクは、これら三勢力に対する保護政策を巧みにバランスさせて、どの勢力にも過剰にコミットメントしないように注意していた。**そして自らの政権基盤に挑戦しようとする危険な国内勢力が発生するのを、未然に防いだのである。**彼は将来、敵となるかもしれない国内と国外の諸勢力を、常に身近に引き寄せておく統治を実行した。**

ビスマルクは傲慢で自信過剰で激情に駆られ易いエゴイストであった。しかし実際の統治行為において彼は、用心深くて狡猾で合理的な政策によって将来の内政リスクと外交リスクを低減させていったのである。闘志満々で感情的になり易いビスマルクは、**外見的にはしばしば「短気な織田信長」のように見えた。しかし彼の保守主義は本質的に「辛抱強い徳川家康」だったのである**（何という奇妙な人物！）。

〝見えざる手〟は外交で機能しない

1871〜78年のビスマルク外交と1879〜90年のビスマルク外交には、思想的な違いがあった。前期のビスマルク外交には、18世紀クラシカル・リベラリズム的なオプティミスティックな要素が見られたが、後期のビスマルク外交からは、そのような楽観的な視点は消えてしまったからである。

後に詳説するように、ビスマルクは英墺露三帝国のバルカン半島における覇権闘争を「公正で中立的な立場」から仲裁するため、1878年のベルリン国際会議を主催した。しかし彼がこの「公正で中立的な仲裁」努力から得たものは、「独墺露三皇帝が維持していた三帝同盟が崩壊しただけ」というビターな（苦々しい）結果であった。この不愉快な経験からビスマルクは、たとえドイツが常に「中立的な外交」を行って、全ての諸国に対して政治的不干渉主義と軍事的不介入主義を実践しても、国際政治における〝平和と均衡〟が自然発生するわけではない、と悟ったのである。

１８７８年に、経済政策においてビスマルクが自由放任主義から介入主義に転じたのと同様、同年、国際政治においても、彼は不介入主義・中立主義の外交から「将来の紛争を未然に防ぐため、前もって軍事外交の安全保障体制を作っておく」という用心深い介入主義に転換した。つまり１８７８年にビスマルクは、「経済政策においても外交政策においても、アダム・スミス的な〝見えざる手〟が機能して自然調和的な均衡状態が国内と国外で発生する訳ではない」と悟ったのである。

ビスマルク外交の四つのフレームワーク

ビスマルク外交には１８７８年を境として、このような質的な変化が生じた。しかしそれにもかかわらず彼の１８７１〜９０年の外交政策には、一貫した原則が存在していた。21世紀になった現在でも、19世紀のビスマルク外交が多くの国際政治学者から称賛される理由は、これら一貫した外交原則のためである。**これらの原則とは、反拡張主義、反民族主義、均衡主義、避戦主義である。**以下に、これらの項目を簡潔に説明したい。

反拡張主義：ビスマルクは非常に闘争心が強い人であった。しかし彼は、統一後のドイツ勢力圏の拡張を望まなかった。彼は、「拡張主義は内政と外交のトラブルを増やすだけで、真の長期的な国益とならない」と繰り返し主張していた。ビスマルクは敏捷で大胆で鉄面皮な外交駆け引きを実践する政治家であったが、彼の基本的な国際政治に対する態度は、奇妙なまでに無欲で謙虚なものであった。

ビスマルクの宰相期、ドイツ軍幹部は常に露仏両国に対する奇襲攻撃と予防戦争を準備していた（予防戦争とは「近い将来、潜在的な敵国が強力な軍事力を獲得するかもしれない」と予測して、そうなる前に敵国を叩き潰してしまおうとする戦争のこと）。

しかしビスマルクは、「予防戦争など自殺行為に等しい。そんな戦争を実行しても、ロクなことにはならない。そもそもロシアやフランスに対する戦争に勝って、どうするつもりだ？ 現在のドイツには、これ以上の領土や人口は不必要ではないか」と言明して、自国の領土と勢力圏の拡張に明確に反対していた。そのため彼は、帝国主義と拡張主義を望んでいたドイツ軍部と頻繁に対立していた。

19世紀後半期は、欧米諸国の植民地獲得競争が熱病状態に達していた時期であるが、ビスマルクは（1884～85年の、たった一年半の期間を例外として）一貫して植民地獲得に反対した。ビスマルクが公的な場で繰り返し叫んだ外交スローガンは、「ドイツはすでに満足している！　ドイツは領土を必要としていない、戦争も不必要だ！」であった。この外交スローガンは、彼の本音であった。

反民族主義：ビスマルクは対墺戦争と対仏戦争の際、ドイツ・ナショナリズム運動の先頭に立ってドイツ人の戦闘意欲を鼓舞した。しかし彼の本音は外交官時代から、「ドイツ統一を成し遂げるため、ナショナリズムを利用する。しかし我々はナショナリズムに駆られて外交政策を決定すべきではない」というものであった。ビスマルクは「プロイセン人の優越性」を確信していた鼻持ちならない人種的・民族的優越主義者であった。ところが彼はプライベートな会話において、頻繁にプロイセン人の思考力の硬直性と視野狭窄を痛烈に批判していたのである。「ドイツ建国の父」ビスマルクのナショナリズムは、自民族をひたすら偶像視して自己崇拝したがる単純で幼稚なナショナリズムとは正反対のものであった。

ドイツ諸侯国では1840年代から60年代にかけて「小ドイツ主義」と「大ドイツ

主義」が対立していたが、**ビスマルクは常に小ドイツ主義者であった。**

†大ドイツ主義とは、オーストリア帝国やバルト諸国に住むドイツ人まで含めた大規模なドイツ統一国家を創ろうとする建国理念。小ドイツ主義とは、オーストリアやバルト諸国のドイツ人を含まない理念。

しかもビスマルクは普墺戦争が終結するまで、「南ドイツ諸国を、無理に北ドイツと統合する必要はない」と考えていた。彼は実は大部分の小ドイツ主義者よりも、もっと小規模な「小ドイツ」を構想していたのである。

さらに1866年までのビスマルクは、「プロテスタントが多数派の北ドイツ人は、カトリックが多数派の南ドイツ人とは相性が悪い」と思っていた。このような態度（偏見！）は、当時のドイツのリベラル派・民主派の熱烈な民族主義とはまったく異なるものであった。さらにクリミア戦争（1853〜56年）以降のバルカン半島では、ロシアが支援する汎スラヴ民族主義とオーストリアが支援する汎ゲルマン民族主義が真っ向から対立したが、ビスマルクはこれら二つの民族主義を両方とも嫌悪していた。彼はバルカン半島の民族主義的抗争を、「あんなものは、羊泥棒の内輪揉めにすぎない」と嘲笑していたのである（ちなみに、1867年以降のオーストリアの正式の国名は「オーストリア＝ハンガリー帝国」である）。

均衡主義：すでに何度か説明したように、ビスマルクの外交パラダイムは「国際政治に、自国の政治イデオロギーや道徳判断や好き嫌いの情緒を持ち込んではいけない。国際社会は［強制執行力を持つ司法・行政・立法機関が存在しないという意味で］本質的に無政府な構造であるから、諸国はバランス・オブ・パワーを維持すべきである」というものであった。したがって彼は、当時の欧州の五大国（英仏独墺露）が勢力均衡状態を維持することを、自分の外交政策の目標としていた。彼はこれら五大国のどれか一国が、顕著に弱体化したり崩壊したりすることを好まなかった。

ビスマルクは「博愛精神と思いやりに満ちた平和主義者」だったから、これら五大国を温存したかったのではない。彼は懐疑的でシニカルなリアリストだったから、「五大国体制が壊れて欧州が不安定になるのは、我々ドイツ人にとってはた迷惑な話だ。現在の欧州の均衡を壊しても、ロクな結果にならない」と判断していただけである。

ビスマルクはベルリン駐在のロシア大使に対して、「現在の諸大国を温存することが、ドイツの国益なのだ。ロシアやオーストリアが弱体化したり崩壊したりすると、我々にとって耐えられない事態となる。我々は単に、そのような事態が発生するのを阻止したいだけなのだ」と語っていた。ビスマルクは墺露両国のナショナリズムと拡張主義を嫌っていたが、それにもかかわらず彼は欧州の均衡を維持するため、墺露両国を温存したかったのである。ジョージ・ケナンによると、1871〜90年の時期、ビスマルクは六種類の同盟や安全保障制度を構築した。「これらの同盟はすべて現状の欧州均衡を維持するためのものであり、敵を攻撃するには役立たない同盟であった」。**ビスマルクの作った同盟は戦争のための同盟ではなく、均衡維持のための同盟だったのである。**

避戦主義：1862年9月、プロイセン新首相になったビスマルクは悪名高き「鉄血演説」を行い、ドイツ統一のためには「鉄と血による戦争」が必要であることを図々しく力説した。その後彼は、矢継ぎ早に三つの隣国に対する戦争を敢行して、彼が本物の「鉄血の武断主義者」であることを証明した。ところが**闘志満々で戦意旺盛であったビスマルクは**、**実は戦争が大嫌いだった**のである。

戦争が始まるや否や、彼は常に「一刻も早く戦争を終結させろ！　戦争が長引くと、終戦処理が困難になる。敵国を叩きのめすことよりも、限定戦争を実現することの方がはるかに重要だ！」と叫んでいた。そのため彼は、連日のようにプロイセン軍幹部と喧嘩していた。単純な軍部高官にとって、自らの生死をかけて「敵を叩きのめす」ことは、彼らのスリルであり生き甲斐である。しかし外交家ビスマルクは「戦争後の外交体制をどのように構築するか」ということを常に熟慮考案していたから、「敵を叩きのめす」全面戦争を嫌ったのである。

しかも大部分のドイツ人と違って、ビスマルクは自国の戦勝を素直に喜べない人間であった。ケーニヒグレーツ（普墺戦争）やセダン（普仏戦争）でドイツ軍が大勝した後のビスマルクは、非常に不機嫌であった。実は「鉄血宰相」は、人殺しが嫌いだったのである。戦勝直後に、馬上から戦場を視察して回ったビスマルクは、敵国兵の死骸から顔を背けていた。部下に「閣下、どうなさったのですか？」と聞かれたビスマルクは、「若い兵隊の死骸を見ていると、これら兵士の両親のことを想像してしまう。自分の息子もあのように戦死したかもしれないと思うと、とても戦勝を喜ぶ気になれないのだ」と答えたのである。

そのためドイツ統一後のビスマルクは、ひたすら避戦外交を追求した。彼は、「**戦争**

は悪だ。勝てる戦争も、やはり悪なのだ」と語っていた。ビスマルクが構築した同盟関係のネットワークが攻撃的な戦争にはまったく役に立たない同盟関係だったのも、納得できる話である。彼は、ドイツの同盟諸国がお互いに戦争できないような国際システムを創るために、ドイツを中心とする複雑な同盟網を構築したのである。「軍事的な戦争で勝つよりも外交戦で勝つほうが、上等な勝ち方だ」というのが、ビスマルクの信念であった。

以上が、ビスマルクの反拡張主義・反民族主義・均衡主義・避戦主義である。ビスマルクを嫌う欧米のリベラル派の歴史家には、「ビスマルクは軍国主義と権威主義をプロモートした、オポチュニスティックなマキャベリストであった」という内容の著作を書く人が多い。しかし1870~80年代のビスマルク外交を観察すれば、彼が反拡張主義・反民族主義・均衡主義・避戦主義の四原則を守り通したことは明らかである。ビスマルクは意地悪で傲慢で辛辣な毒舌家であり、すぐ感情的になって怒り出すエゴイストであった。しかしそれにもかかわらず彼は、「自分が決めた外交政策の諸原則を、しっかり守る人」だったのである。

多数派工作としての三帝同盟

1871〜90年、ビスマルクは六つの同盟（もしくは安全保障関係）を構築した。このうち最も重要だったのは、独墺露の三皇帝が作った三帝同盟（1873〜78年と81〜87年の二回）であった。

†この重要な三帝同盟には、公式（正規）の名称がなかった。日本の歴史教科書には「三帝同盟」という表現が使われているので、本書でもその表現を使用する。西欧言語の書物や論文では Dreikaiserbund や League of the Three Emperors という表現が使われているが、実はこれも公式の名称ではなかった。

この三帝同盟は1873年、独墺露の三皇帝が、「君主主義・正統主義の国家原則を守る。共和主義や民主主義を求める革命勢力に対して譲歩しない。他国からの攻撃に対して共同防衛する。君主国間の協調を維持する」という抽象的な内容の（かなり漠然とした）合意をしたことから始まる。最初の三帝同盟には、明確に定義された行動義務は存在しなかった。

†1881～87年の二回目の三帝同盟には、独墺露の何れかが、他国――例えばフランスやイギリス――から攻撃された場合、他の三帝同盟加盟国は「好意的中立」を維持する、という明確な義務が定められていた。

1870年代と80年代の二回の三帝同盟は、戦争を実行するための軍事同盟ではなかった。しかしこれはビスマルクの外交システムにおいて、中核的な重要性を持っていた。その理由は以下の①～④である。

①1815年にウィーン体制を創って、その実質的な指導者として48年まで欧州外交を操縦していた**メッテルニヒ墺宰相は**、**巨大なロシア帝国と協力する重要性を常に強調していた**。メッテルニヒは公式の場では「敬意に満ちた親露派」のふりをしていたが、本音では強度の「恐露派」であった。彼は、「ロシア帝国が中欧・東欧地域で攻撃的な外交政策を採り始めたら、欧州は絶対に安定しない。ロシアと衝突したら、多民族・多言語・多文化で分裂しやすいハプスブルク帝国は、崩壊してしまう」という恐怖感に憑《とりつ》かれていたのである。

メッテルニヒに次いで欧州外交の主役となったビスマルクは、外交官時代には「プロイセン王国を封じ込めているメッテルニヒ・システムを破壊しなければ、ドイツ統一はあり得ない」と確信していたアンチ・メッテルニヒ派であった。しかしドイツ統一後のビスマルクは、あっさり「メッテルニヒ外交賛同派」に転向した。彼は自分が欧州外交の主役になってみると、「メッテルニヒが苦労して維持していた墺普露の同盟関係が、欧州の均衡にとってどれほど重要な仕組みであったか」と悟ったのである。**ビスマルクがメッテルニヒ的な独墺露協調システムを復活させた**のは、自然な行動であった。

②統一後のドイツにとって最大の脅威は、「対独復讐心を捨てないフランス」であった。普仏戦争敗北後のフランス人は、アルザス・ロレーヌを失った屈辱を決して忘れようとしなかったからである。しかし1871年以降のフランスは、単独でドイツを負かす能力を持っていなかった。そのためビスマルクは1872年、パリ駐在のドイツ大使に宛てた書簡において、「フランスが同盟国を見つけられない限り、フランスは我々にとって脅威とはならない。したがって我々は、フランスが同盟国を獲得できな

い状態を維持すべきである」と指示している。

ビスマルクにとって独墺露三帝同盟の重要な機能の一つは、「**三帝同盟を維持している限り、墺露両国はフランスの軍事同盟国とならない。したがってフランスは対独復讐戦を実行する能力を持てない**」というものであった。「フランスを常に、他の大国と軍事同盟を作れない状態に置いておく」という政策は、1871〜90年のドイツ外交の基本路線であった。

③1820年代からのオスマン・トルコ帝国は、バルカン半島と中東における諸民族の独立運動を抑制できず、衰退過程にあった。英仏墺露の四国は、トルコ衰退の混乱に便乗して自国の勢力圏を拡大しようと争っていた。御世辞と懐柔、妥協と籠絡が天才的に上手かったメッテルニヒが墺宰相を務めている間は、墺露両国がこの問題で正面衝突することを避けられた。しかし彼の退陣後（特にクリミア戦争以降）、墺露のバルカン半島における勢力争いが先鋭化してしまった。墺露の軍部はお互いを「仮想敵国ナンバー・ワン」と看做して、戦争準備を始めた。

メッテルニヒの老練な外交手腕を尊敬するようになったビスマルクは、「バルカン問題で墺露が衝突することを避けるのは、ドイツ自身の重要な国益である」と確信するようになった。ビスマルクから見ると、この地域で墺露戦争が勃発することは、彼の望む欧州均衡体制にとって巨大なダメージでしかなかった。そのためビスマルクは三帝同盟を作って、「**好戦的な墺露がお互いに戦争できないように、三帝同盟の内側につなぎ留めておく**」という外交を実行したのである。

④ビスマルクは、「現在の国際政治は五極構造（＝英仏独墺露）である。この**五極のうち、三極が作る多数派グループに所属する**のが我々の目標だ」と何度も語っていた。五極のうちの三極グループに所属すれば、他の二大国はこの三極グループに挑戦できないからである。

ビスマルクがドイツを統治していた期間、フランスは常に対独復讐心に燃えていた。イギリスは「栄光ある孤立」政策を採って、他国との同盟関係に入ることを避けていた。したがって当時のドイツにとって一緒に三極グループを作れる国は、墺露だけであった。ビスマルクにとって三帝同盟は、一種の多数派工作であった。

これら①〜④の理由によって、三帝同盟はビスマルクの作った六種類の安全保障システムの中で最も重要な役割を果たした。しかしこの1870年代〜80年代の二回の三帝同盟は、両方ともバルカン半島における対立が原因となって消滅してしまった。1914年の第一次世界大戦もバルカン紛争が引き金となって勃発した——ボスニアのサラエボで墺帝国の皇族が暗殺されたことが原因で墺とセルビアが戦争となり、それが独露英仏四国に波及していった——ことを考えると、**この不毛なバルカン紛争に拘泥し続けた19世紀後半〜20世紀初頭の欧州諸国が、如何に愚かであったかが理解できる。**

勿論ビスマルク自身は、バルカン問題で列強諸国がムキになっていがみ合うことの愚かさを熟知していた。彼は毎年のように墺露英の指導者に対して、「バルカン問題で争うのは意味がない。この地域は重要な価値を持つ地域ではない。諸大国がこの地域で利権や勢力圏をめぐって争うのを止めて欲しい」と頼んでいた(時には、必死に懇願していた)。しかしビスマルクの外交思想——反拡張主義・反民族主義・均衡主義・避戦主義——の深い智慧が理解できなかった欧州の諸列強は、延々と不毛ないがみ合いを続けたのであった。

バルカン紛争と最初の三帝同盟の崩壊

最初の三帝同盟（１８７３〜７８年）が崩壊する原因となった露土戦争（１８７７〜７８年）とベルリン会議に関して説明したい。ビスマルクは露土戦争の後始末をするために１８７８年、ベルリンにおいて七大国による国際会議を開催した。しかし会議の結果に不満を持ったロシアは、何の根拠もない「ビスマルクの反露的な陰謀」を理由に、三帝同盟を崩壊させたのである。これはビスマルクにとって大きな失望であった。

１８７５年、ボスニア・ヘルツェゴヴィナでオスマン・トルコ帝国の支配に対する反乱が発生した。この反乱は近隣のセルビアやブルガリアに飛び火した。以前からトルコ帝国の崩壊を望んでいたロシアの民族主義者たちは、これらの反乱を煽動した。そして翌年、トルコはこれらの反乱を苛酷に弾圧した。

この弾圧は、対トルコ戦争を正当化する理由を欲しがっていたロシア人に開戦の口実を与えることとなった。ロシア人の言い分は、「我々には、抑圧されたキリスト教正教徒をイスラムの暴政から救う義務がある」、そして「我々には、同胞であるスラヴ系民族の独立を支援する義務がある」というものであった。ロシアは、自国の帝国主義的なバルカン半島進出を「宗教的・民族的に正当化」してみせたのである。そして１８７７

年、ロシアはトルコと開戦した。

戦況は露側に有利に展開し、翌78年、トルコはロシアに大幅に譲歩するサン・ステファノ条約を結んだ。この条約によってセルビア、モンテネグロ、ルーマニアが独立国となり、大ブルガリアは自治領となった。この戦勝により、ロシアはバルカン半島に対する支配権を確立した。この条約で特に問題となったのは、大ブルガリアであった。この大ブルガリア「自治領」はマケドニア地域を含む広大なものであり、しかもロシアの実質的な保護領（属国）であった。

1830年代からロシア軍の南下政策を事あるごとに邪魔し、ロシアの黒海艦隊が地中海に出ることを執拗に阻止してきたイギリスは、この広大なブルガリアがロシアの属国となることを認めなかった。そこでイギリスは大英艦隊をダーダネルス・ボスフォラス海峡へ派遣し、「サン・ステファノ条約を変えないなら、英露戦争を辞さない」という強硬姿勢を見せたのである。オーストリアもこの条約に反撥し、イギリスと同様に対露強硬策を採った。

この事態の推移に深く失望したのは、ビスマルクであった。ビスマルクは英墺露三帝国が、バルカン地域において野心と貪欲、虚栄心と覇権欲を剝き出しにする闘争を繰り返していることに、うんざりしていたのである。彼は1867年のドイツ帝国議会において、バルカン半島紛争は「我々にとって、たった一人のポメルン〔北部ドイツ〕兵の骨の値打ちすらないのであります」と述べていた。バルカン紛争にドイツが巻き込まれるのはまっぴら御免、という意味である。彼はドイツ外務官僚に、「この問題ではどの国の立場も支持するな。この不毛な紛争に、我々は一切関与するな」と命令していた。そして1878年の帝国議会では、「この問題に関する我々の立場は〔三帝同盟の参加国である〕墺露どちらの味方もしないことであります」と答弁していた。

それほどまでにバルカン紛争に巻き込まれるのを嫌がっていたビスマルクが、1878年のベルリン会議を主催して、バルカン紛争に対する「公正中立な仲介者」という議長役を務めざるを得なくなったのは、「この紛争を放置しておくと、墺露戦争が不可避となる。そして三帝同盟が崩壊してしまう」という外交危機に直面したからである。

すでに述べたように三帝同盟とは、外部の敵を攻撃するための軍事同盟ではなく、「フランスが墺露と同盟関係に入るのを阻止する」、そして「墺露が、お互いに戦争するのを阻止する」という避戦外交のための同盟であった。当時のビスマルクは、「この露土戦争の終戦処理をしくじると、ロシアが英墺と戦争することになる。そうなると三帝同盟が崩壊して、ドイツまで戦争に巻き込まれることになりかねない。そして欧州の勢力均衡が破壊される」と考えたのである。

ベルリン会議での獅子奮迅の活躍

実はビスマルクがベルリン会議を主催する前に、「この会議の結果はどうなるか」ということは、ほとんど決まっていた。露土戦争に勝った直後のロシアは戦力を消耗しており、とても英墺両国と新しい戦争を開始できるような状態ではなかった。英墺はこのロシアの弱みに付け込んで、「ロシアが大ブルガリアを保護領にしてバルカン半島へ進出するなら、対露戦争を起こすぞ」とロシアを恫喝したのである。その結果、ロシアは英墺の恫喝に屈服し、秘密裏に大ブルガリア領域の半分以上をトルコ支配圏に返すことに同意した。しかし露政府は、そのような屈辱的な譲歩をしたことをロシア国民の前で認めることが出来なかった。

†当時の露政府は、自国の汎スラヴ民族主義者とナショナリスティックなマスコミを抑制できない状態であった。露政府の政権基盤は、長年の政情不安と相次ぐ国内のテロ行為で揺

らいでいた。そしてこのベルリン会議の三年後に、露皇帝は暗殺された。

ビスマルクは、英墺の恫喝に屈服した事実を露国民の前で正直に認められないロシア政府を助けてやるつもりで、ベルリン会議の議長を引き受けた。彼はロシアの面子《メンツ》を潰さないように、「ベルリン会議において七ヵ国の首脳がなごやかに会談し、各国の首脳が満足できる国際的な合意に達した」という外交プロセスを演出したのである。

†この時の首脳会談議長としてのパフォーマンスで、ビスマルクの「欧州政治を牛耳る大政治家」という評判が定着した。ビスマルクの会議進行ぶりは、陽気で豪快でウィットとお世辞に富んでおり、型破りで刺激的なものであった。彼は他国の首脳を魅了しつつ、機敏な会議進行によって合意形成していったのである。ビスマルク議長は「シャープな頭脳とコスモポリタン的教養に満ちた知性人」が半分、そして残りの半分は「鬱蒼としたゲルマンの森から突然現れた蛮勇戦士」であった。「知性と教養、ウィットと蛮勇」によって周囲を圧倒するのが、彼のパターンであった。しかも晩餐会では、ビスマルクの猛烈な鯨飲馬食ぶりが会食者を驚愕させた。会議に参加していたディズレイリ英首相は呆れて、「あんなに猛然と飲み食いする男を見たのは、生まれて初めてだ」と呟いていた。

ディズレイリはビスマルクの議長ぶりを面白がっていたが、ベルリン会議の参加者の中に、ビスマルクの大活躍ぶりを嫉妬し、鋭い敵意を抱いた人物がいた。ロシア外相ゴルチャコフである。ビスマルクとゴルチャコフは1850年代の前半期、ドイツ連邦会議で共に大使を務めた頃からの知り合いであった。その後ゴルチャコフは急速に出世し、二六年間もロシア外相を務めた。ビスマルクが1859〜62年に駐露大使を務めた時、ゴルチャコフ外相とビスマルクは仲が良かった。二人ともフランス語を母国語のように喋り、西欧の古典的教養を身につけたコスモポリタン的な秀才であった。当時の二人は、親仏嫌墺の外交観でも一致していた。彼らは「好意的な普露関係」を築き、1866年の普墺戦争の際、ロシアは好意的中立の立場をとり、70年の普仏戦争ではプロイセン寄りの行動をとってくれた。

しかしゴルチャコフは70年代の中頃から、ビスマルクに対して嫉妬と対抗意識を剝き出しにするようになった。一五年前には「無名の駐露大使」にすぎなかったビスマルクが、1870年代になると、「墺仏両帝国を迅速に叩きのめして欧州外交を牛耳るようになったドイツ帝国の鉄血宰相」に変貌したからである。「プリンス」の称号を持つロシア大貴族であったゴルチャコフは、田舎のユンカー出身にすぎないビスマルクに追い越されてしまったことに歯ぎしりしていた。

ロシア国内で拡がった「ビスマルク陰謀説」

ベルリン会議の後、ロシアの軍部と民族主義者とマスコミは、会議の結果を知らされて激昂した。多大の犠牲を払って宿敵トルコを打ち負かし、「１８３０年代から〝ロシア民族の悲願〟となっていたバルカン半島における南下政策を、遂に成功させた！」と喜んでいたら、ビスマルク議長が取り仕切ったベルリン会議において、戦勝成果の多くがあっさり消えてしまったからである。

当時のロシアの民族主義者は、「ロシア正教徒がコンスタンティノープル（旧ビザンティン帝国の首都、キリスト教正教会の聖地）をイスラムの圧政から解放する。そしてロシアの黒海艦隊が、ダーダネルス・ボスフォラス海峡を通過して地中海へ航行できるようにする」という国家目標は、「キリスト教正教徒の義務、そしてロシア民族の大義」であると確信していた。そのような「大義の実現」を踏みにじられて失望・憤慨したロシア民族主義者たちは、「ロシアはベルリン会議において、何らかの国際的な陰謀に嵌められたに違いない！」と主張し始めた。

既述したようにベルリン会議の結果の大筋は、会議前の英露間と墺露間の秘密交渉ですでに決定されていた。ロシアの保護領となるはずであった〝大ブルガリア〟領土の半分以上をトルコ圏に返還させることを要求したのは、英墺政府であってビスマルクではなかった。しかし露政府は、「ロシアはこの屈辱的な譲歩を、事前の外交交渉においてすでに受け入れていた」と自国民に正直に伝えることが出来なかった。自国民の猛反撥が怖かったからである。そこでゴルチャコフ外相は宮廷内において、「ベルリン会議におけるビスマルクの陰謀のため、我々の南下政策は挫折した。ロシアは陰謀の犠牲となったのだ」と責任転嫁する陰謀説を流し始めたのである。

当時のロシア皇帝アレクサンドル2世は、決断力に欠ける軽薄浅慮な人物であった。彼は、「ロシアは優越した軍事力を持つ英墺に恫喝されて、やむを得ず譲歩した」という国際政治の冷酷な論理を直視するよりも、「ロシアはビスマルクの陰謀の犠牲となった」というゴルチャコフの主張（＝単なる言い逃れ）に飛びついた。ロシアが「恫喝に屈して譲歩した」のなら、露皇帝はそのような外交政策の窮地に追い込まれたことに対して責任を取らなければならないが、「あの狡猾非情なビスマルクの陰謀に嵌められた」のなら、「陰謀の犠牲となった正義のロシアに罪はない」ことになるからである。

皇帝の息子（1881年以降は、露皇帝アレクサンドル3世となった）も、この陰謀説を本気にした。そして皇室だけでなくロシア軍部・民族主義者・マスコミ人たちも、国際政治の冷酷な現実を直視するよりも、ゴルチャコフが流布した責任逃れの陰謀説を信じる方を選んだのである。英墺の恫喝に屈服して南下政策に失敗し、さらにベルリン会議で面子を失ったロシア人は、これ以降、「我々は、狡猾なビスマルクの陰謀にしてやられたのだ！」という単純な陰謀史観にしがみつくようになった。

長年バルカン紛争に巻き込まれるのを嫌がっていたビスマルクが、ベルリン会議の議長役を務めたのは、「この紛争を放置しておくと、三帝同盟が崩壊してしまう」と憂慮したからである。しかし皮肉なことに彼が会議の議長を務めた結果として、独露関係は急速に悪化し、三帝同盟は消滅してしまった。ビスマルクは、「国際政治において公正な仲介役を務めると、高くつく」という苦い教訓を学んだのである。「欧州の均衡にとって、三帝同盟は不可欠だ」と信じていたビスマルクの失望は大きかった。彼はゴルチャコフのことを、「自分のことをずる賢いと思っている馬鹿！」とけなしていた。

独墺同盟と二回目の三帝同盟

すでに述べたようにビスマルクはメッテルニヒと同様、「欧州安定の基軸は、独墺露三国による協調体制だ」と確信していた。したがって彼は最初の三帝同盟が崩壊したからといって、簡単にギブアップするつもりはなかった。不屈な彼は、「壊れたのなら、もう一度作り直せば良い」と考えたのである。そこでビスマルクは、「一旦ロシアを孤立させて、脅しつける。その後に懐柔して、三帝同盟をもう一度作り直す」という外交プランを企画し、実行した。

三帝同盟が崩壊した翌年（1879年）、ビスマルクは敏速に独墺同盟を作った。「ドイツもしくはオーストリアがロシアと戦争になった場合、独墺は共に戦う」という反露的な同盟である。ロシアを露骨に脅しつける同盟関係であった。純情で頑固な独皇帝ヴィルヘルム1世は、「露皇帝アレクサンドル2世は朕の甥である。自分の甥を追い詰めるような独墺同盟を作るのは嫌だ。ビスマルクがこの同盟を作ると言うなら、朕は退位する」と述べて、強硬に反対した。これに対してビスマルクは、「陛下が独墺同盟に反対して退位すると申されるのなら、私こそ辞職します」と、逆に皇帝を脅したのである。

皇帝は、ビスマルクの脅しに屈した。彼は、「ビスマルクは朕よりも、ドイツにとって重要な人材である」と述べて、嫌々ながら独墺同盟を承諾したのであった。

†ビスマルクが、「私の意見を受け入れて下さらないのなら、宰相の座を辞退します」と皇帝を脅したのは、1862年以降、これで六回目であった。皇帝に対するこの傲慢な脅しは、ビスマルクの「究極の切り札」であった。当時のドイツ帝国において、ビスマルクの代わりを務められる人物はいなかったからである。ビスマルクはそのことを承知していたからこそ、「陛下が反対されるなら、私は宰相職を辞職しますぞ」と、皇帝を何度も脅したのである。

それにしても「ドイツ帝国にとって重要なのは、朕よりもビスマルクである」と素直に認めたヴィルヘルム1世は、立派な人物であった。虚栄心の強い俗物的な皇帝なら、そのようなことを正直に認めることはできなかっただろう。ヴィルヘルム1世は、学識や教養には欠けるが正直で勇気ある愛国者であった。彼は自分のエゴやプライドよりも、ドイツの利益を優先したのである。

20世紀ヨーロッパの悲劇

ビスマルクはロシアをさらに脅しつけるため、「独墺同盟の次は、独英同盟を作るつもりだ。ドイツ外交は墺英両国と協力すれば盤石だ」と言いふらして歩いた。「ドイツはロシアを必要としていない。我々は、ロシアをもっと孤立させるぞ」という外交メッセージを、露政府に送ったのである。そして彼はロシアからの輸入品に関税をかけた。慢性的に資本不足の経済後進国であったロシアを、さらにいじめたのである。

このような厳しい対露処罰政策に焦ったロシア外相ゴルチャコフは、パリを訪れて「独墺同盟に対抗して、露仏同盟を作ろう」と提案した。しかし国内における不毛な権力闘争に没頭しており、ビスマルクと露骨に対立する軍事同盟を作る勇気と能力に欠けていた仏政府の指導者は、ロシアと同盟関係に入ることを断った。ビスマルクの企画した「ロシアの孤立化」は、現実のものとなったのである。

しかも三帝同盟が崩壊して三年目の１８８１年、露皇帝アレクサンドル２世が暗殺された。国内の政治不安とロシア外交の孤立にショックを受けた息子のアレクサンドル３世は、独露関係を修復することを急いだ。そして暗殺事件のたった三ヵ月後に、二回目の独墺露三帝同盟が誕生したのである。「一旦ロシアを脅しつけて、その後に三帝同盟を復活させる」というビスマルクの対露政策は成功した。ビスマルク外交は大胆であり、しかも敏捷であった。当時の欧州外交界において、ビスマルクのように機敏な決断力と実行力を発揮できる外交家は他にいなかった。

ちなみにこの三帝同盟は、秘密条約であった。独墺露の三皇帝は、この三帝同盟の存在を国民に通知することが出来なかったのである。「三帝同盟の存在を、自国の国民から秘密にしておかなければならない」ということが、この三帝同盟システムの最大の弱点であった。独墺露の国民の大部分は、この同盟関係に反対だったのである。

当時、墺露の国民は、互いに憎み合っていた。すでに述べたように1853〜56年のクリミア戦争の際、オーストリアは「神聖同盟の同志」であったはずのロシアを裏切って英仏側についた。オーストリアは、この戦争で不利な立場に追い込まれたロシアがバルカン地域で所有する利権を、戦争のどさくさに紛れて盗もうとしたのである。1878年のベルリン会議の時も、墺政府はロシアが露土戦争の勝利から得た権益を剥奪した。したがって普通のロシア人にとってオーストリアとは、憎んでも憎んでもまだ憎み足りない恥知らずの裏切り者国家であった。そのためロシア皇帝は口が裂けても、「ロシアとオーストリアは、三帝同盟に参加して同盟関係に入った」などと認める訳にはいかなかったのである。

一方オーストリア人は、汎ゲルマン主義という「民族の正義」を振りかざしてロシア勢力をバルカン地域から追放することが、「オーストリアの大義」であると思い込んでいた。しかも当時オーストリア人と一緒に帝国を作っていたハンガリー人は、オーストリア人以上に感情的で好戦的な嫌露派であった。ハンガリー人の多くは、「1879年に出来た独墺同盟を利用して、一刻も早くロシアを叩き潰したい」と思っていたのである。したがって当時のオーストリア＝ハンガリー帝国の皇帝は、「独墺露で三帝同盟を作りました」などと自国民に通知できなかったのである。

そしてドイツの国民の大部分も、嫌露派であった。彼らは独墺同盟の誕生に拍手喝采したが、その理由は、「この独墺同盟を利用して、汎ゲルマン主義と大ドイツ主義をバルカン半島とバルト沿岸地域で実行できる。我々は汎ゲルマン主義と大ドイツ主義を実行して、ロシア勢力を中欧・東欧地域から追放するのだ」というものであった。ドイツ国民の多く（特に民主派と自由主義派）は、「狭量な小ドイツ主義者だったビスマルクも、やっと汎ゲルマン主義と大ドイツ主義の正しさを理解するようになった」と勘違いして、喜んだのである。実際には**ビスマルクは、「汎ゲルマン主義・大ドイツ主義を抑制して、ロシアとの衝突を避ける。独墺とロシアを共存させる」という目的のために三帝同盟を結成したのであるが、普通のドイツ国民は、そのような勢力均衡外交の論理をまったく理解していなかった**のである。

したがって普段は鉄面皮で図々しいビスマルクも、三帝同盟を再締結したことに関しては、ひたすら口を閉ざしたままであった。彼は公的な場では、一度も三帝同盟の存在に言及しなかった。ビスマルクはベルリン駐在のロシア大使に、「三帝同盟は、欧州地域を安定させる唯一の安全保障システムである」と語っていた。これは単なる外交辞令ではなく、ビスマルクの確信であった。しかしドイツ国民だけでなくドイツ軍高官や政治家、マスコミ人の大部分も、独墺露による欧州均衡体制の重要性を理解しなかったのである（理解しなかっただけではない。彼らはそもそも「欧州均衡」を望んでいなかった。多くのドイツ国民が望んでいたのは、「対露決戦」による「ドイツ帝国の興隆と栄光」であった）。

そのため独墺露の三皇帝と同様に、宰相ビスマルクも公的な場で三帝同盟の必要性を国民に説くことができなかった。これこそビスマルク外交の悲劇であり、20世紀ヨーロッパの悲劇であった。**独墺露三国協調による勢力均衡体制が続いていたら、二度の世界大戦は起きなかったからである。**

ブルガリア紛争と再度の「ビスマルク陰謀説」

最初の三帝同盟（1873〜78年）は、露土戦争（77〜78年）の結果出来た広大なブルガリア（＝ロシアの属国）の出現に英墺両国が強く反撥したために崩壊してしまった。そして二回目の三帝同盟（81〜87年）も、ブルガリアの民族紛争に対してロシアが感情的に反撥したため、崩壊してしまった。ブルガリアという国は国際政治において大きな重要性を持つ国ではない。しかし皮肉なことにこの貧困な農業国に対する支配権をめぐって墺露が不毛な争いを続けたため、三帝同盟が二度も崩壊してしまったのである。

1881年にビスマルクが二回目の三帝同盟を作った時、彼はバルカン半島問題で墺露が対立する事態を避けようとした。そこで彼は墺露両国に、「バルカン地域に明瞭な勢力圏を設定しよう。ロシアは黒海とブルガリアを支配すれば良い。オーストリアはボスニア・ヘルツェゴヴィナとセルビアを支配すれば良い。墺露両国はこの勢力圏設定に満足して、今後はバルカン地域で争うのを止めて欲しい」と提案したのである。ビスマルクの考えは、「我々ドイツ人はバルカン半島において、一切勢力圏を持つ意志がない。ドイツは反拡張主義の外交を続ける。だから墺露両国も自国の勢力圏の限界線を明瞭に設定して、バルカン地域で喧嘩するのを止めて欲しい」というものであった。彼の態度は非常に理性的かつ現実的なものであった。

しかし民族主義と拡張主義に惑溺する墺露両国は、自国の勢力圏の限界線を明瞭に設定することを拒否したのである。ロシアはブルガリアだけでなくセルビアも自国の勢力圏に入れようとし、オーストリアはブルガリア・ルーマニア・セルビアをすべて自国の勢力圏にしようとした。墺露両国の態度は強欲であり独善的であり、しかも小児的であった。両国とも、自国に都合の良い「〇〇民族の大義」（汎ゲルマン主義や汎スラヴ主義の大義）を振りかざし、互いに妥協することを拒否したのである。ビスマルクは両国の態度に幻滅したが、それにもかかわらず「ボスニア・ヘルツェゴヴィナはオーストリアの勢力圏とし、ブルガリアはロシアの勢力圏としよう。墺露両国はこれ以上、勢力圏拡大を続けるのを止めて欲しい」と説き続けた。

しかしビスマルクにとって不運なことに、ブルガリアで1885年、トルコとロシアの帝国主義的支配に反撥する独立運動が発生してしまった。しかもなお悪いことにブルガリアの当時の統治者は、28歳の長身・ハンサムで勇敢なドイツ王族出身のプリンス、アレクサンダー・フォン・バッテンベルクであった。このプリンスは露皇帝・故アレクサンドル2世の甥であった。彼を可愛がってブルガリアの統治者に任命したのも、故アレクサンドル2世であった。しかし純情で勇気のあるドイツ青年将校であったプリンス・アレクサンダーは、ブルガリア民族の独立運動を本気で支援するようになり、露政府のブルガリア属国化の方針と正面衝突してしまったのである。

ブルガリアを属国化して、ロシア軍の南下政策の拠点とすることを意図していた露皇帝アレクサンドル3世（＝プリンス・アレクサンダーの従兄弟）とドイツ青年将校のアレクサンダーは、激しく対立するようになった。ビスマルクはこの事態に幻滅した。彼はプリンス・アレクサンダーに、「ロシアと対立してはいけない。露政府の要求にすべて服従しなさい」と何度も助言したが、ブルガリア民族の熱烈な独立運動を抑制することには、ほとんど何の効果もなかった。

「ビスマルク恐怖症」

皇帝アレクサンドル3世は、非社交的で猜疑心が強い巨漢であった。彼はベルリン会議の後、「ロシアはビスマルクの陰謀に嵌められて、露土戦争の戦勝利益を盗まれたのだ」と信じていた。彼はヨーロッパ嫌いの強情な汎スラヴ主義者であった。ブルガリアで突然独立運動が発生し、ロシアがブルガリアに対する支配権を失うという屈辱的な事態に直面して、アレクサンドル3世は「このブルガリアにおける反露的なクーデターで、ドイツ出身のプリンス・アレクサンダーを陰で操っているのは、あの狡猾な策士ビスマルクではないのか？　ロシアはまたしても、ビスマルクの陰謀に嵌められたのではないか？」と疑い始めたのである。

当時、ロシア政府高官の多くが、強度の「ビスマルク恐怖症」に罹っていた。このことについて、19世紀の欧州外交に関して該博な知識を持つジョージ・ケナン（第二次世界大戦後の「ソ連封じ込め戦略」を考案した戦略家）は、次のように述べている。

当時のビスマルクは、世界諸国の政府から「国際政治の巨人」そして「欧州外交の魔術師」と看做されていた。ヨーロッパの外交界において「田舎の森で、雀が一羽、空から墜ちてくる」程度の些細な事件が起きると、ヨーロッパの外交官たちは、「これもきっとビスマルクの仕業に違いない。今度は一体、ビスマルクが何を企んでいるのだろうか？」と心配するのだった。ビスマルクの支配力に恨みを抱いていた露皇帝は、「ビスマルクはその気になれば、ブルガリアでもオーストリアでも好きなように操縦できるのだ」と思い込んでいた。

†当時、ビスマルクは娘に対して、「欧州の統治なんて、パパが朝食時に一〇分か一五分間くらい注意を払えば、それで足りるのだ」と自慢していた。彼の自慢は冗談が半分、残りは本音であった。

露皇帝とロシア民族主義者の外交観に大きな影響を与えていたジャーナリスト、ミカイル・カトコヴ（モスクワ有力紙の主筆）も、1886年の新聞社説で次のように主張していた。

ビスマルクの影響力は、今や神話的なレベルに達している。現在の国際政治で起きていることの多くが、彼によって操られている。ビスマルクの承諾を得なければ、欧州の諸政府は立ったり座ったりすることもできない有り様だ。ビスマルクが世界を支配しているのだ。世界中の国で、ビスマルクの外交政策に反対しようと試みる者は、簡単に威圧されてしまう。……祖国ロシアは、このようなビスマルクに対する隷属状態から脱出しなければならない。我々は祖国の行動の自由を回復すべきである。ロシアのように偉大な国が、他国の政府に対してまるで臆病な奴隷のように振舞っているのはあまりにも不自然である。

カトコヴの社説の熱心な読者であったアレクサンドル3世は、カトコヴの反独的な外交論に同意するようになった。

ブルガリア問題の深刻化を避けたかったビスマルクは、墺露両国の首脳に繰り返し「ブルガリアはロシアの勢力圏だ。ドイツは、ロシアのブルガリア支配に関して一切干渉しない。墺政府も、ロシアによるブルガリア支配に反対しないでほしい」と連絡していた。それにもかかわらず墺政府は、ロシアのブルガリア支配に対する妨害行為を続けた（激情に駆られやすい墺帝国内のハンガリー人が、ロシアのブルガリア支配に対してヒステリカルに反撥していた。墺政府は、これらハンガリー人の反露感情の暴走を抑制できなかった）。そしてブルガリア支配に大失敗して面子を失った露皇帝アレクサンドル3世は、ビスマルクからの連絡や書簡を全く信用しなくなったのである。

†過去一二〇年間、世界諸国で九〇〇〇〇冊以上のビスマルク研究書が出版されているが、

「ビスマルクは、ドイツ出身のプリンス・アレクサンダーを陰で操ってブルガリア独立運動を煽っていた」とか、「ロシアはビスマルクの陰謀に嵌められて、ブルガリア支配権を失った」などという陰謀説を唱えている学者や歴史家はいない。しかし当時の露皇帝とロシア民族主義者は、「ビスマルク陰謀説」にしがみついた。パラノイア的民族主義に固まっていたロシア人は、自分たちのブルガリア支配政策の失敗を冷静に分析できなかったのである。

1887年、ドイツとフランスの王族の血を引く親オーストリア派のフェルディナント1世が、プリンス・アレクサンダーの後任としてブルガリア統治者となった。そして同年、「ビスマルクの陰謀によってブルガリア支配権を失った」という被害妄想に陥ったロシアは、三帝同盟の継続を拒絶した。その結果、独墺の軍部高官は、対露戦争の準備を本格化させていった。その後の欧州の外交史は、独墺露の衝突を避けたいがために三帝同盟を維持していたビスマルクが望んだ方向とは、真逆の方向に進んでいったのである。

三国同盟・地中海協定・独露再保障条約による欧州の均衡体制

最初の三帝同盟（1873～78年）が消滅した時、ビスマルクは外交政策の貴重な教訓を得た。それは、「**単一の同盟関係に頼ってはいけない。同盟関係とは、国際環境の急変や同盟国政府の心変わりによって、あっという間に無効となってしまう**ものだ。単一の同盟関係に頼るのでなく、常に複数の同盟関係を維持しておき、国際情勢の急変に柔軟に対応できる外交体制を構築しておく必要がある」という教訓であった。そのため1879年以降のビスマルクの同盟体制は、四つもしくは五つの同盟（または協定）関係を同時に運営していく複雑な構造となった。

国際政治の構造というのは（過去三〇〇〇年間、真の強制執行力を持つ「世界政府」「世界立法院」「世界裁判所」「世界警察軍」が一度も存在しなかったという意味において）、本質的に無政府的な構造である。しかも世界の諸文明の価値判断も、バラバラである。世界の数百の民族に共通な価値判断の基準などというものは（幸か不幸か）一度も存在しなかった。したがってそのような〝本質的に無政府的な国際社会〟に対応するための同盟関係も、必然的に複雑で多重的なものにならざるを得ない。この事情をケナンは、次のように解説している。

ビスマルクは、「単純な同盟関係は、国家にとって危険である」ということを理解していた。もしドイツの安全保障がオーストリア（またはロシア）だけに依存する単純な構造であったら、オーストリア（またはロシア）はこの依存構造を利用して、ドイツを搾取（もしくは操作、恫喝、洗脳）できる。つまり**単純な同盟国依存体制は、「同盟国の奴隷となる」という状態を作り出す**のである。ビスマルクはそのことを理解していたから、複数の同盟関係を構築したのである。

†筆者は三〇年間、米国の首都ワシントンに住んでいる。ワシントンで長期間、日米関係を観察してきた者として正直に言わせてもらうが、1951年の「講和条約」以降、日米同盟にひたすら依存するだけの単純な外交政策と国防政策を続けてきた日本は、単なる「米政府のアジア支配政策の奴隷」にすぎないと思う。勿論、日本の護憲左翼と親米（拝米）保守は、そのような安易な隷属状態を本音レベルで歓迎してきた人たちである。

ビスマルク外交の熱心な研究者であるキッシンジャー元国務長官は、「ビスマルクは、すべての方向にドイツの同盟関係を張りめぐらせていった。しかも彼は常に（ドイツ以外の）同盟諸国同士の関係よりも、ドイツとそれぞれの同盟国との関係の方がより近い関係であるように留意しながら、同盟関係を運営していた。ビスマルク外交が成功した秘密はここにある」と述べている。ビスマルクは、単に複雑な同盟関係ネットワークを構築しただけではなかった。**彼はそれぞれ個別の同盟国に対する政治的・外交的な配慮においても、驚くほど綿密で用心深かったのである。**外見上はしばしば「粗暴なゲルマン戦士」のように振る舞ってみせたビスマルクであるが、それぞれの同盟国に対する細かい配慮と気配りにおいて、彼は周到で緻密な外交マネージャーであった。

１８７３〜７８年の唯一の同盟関係（最初の三帝同盟）に頼るだけの外交体制から離脱したビスマルクは、１８７９年に独墺同盟、１８８１年に（二回目の）三帝同盟、８２年に独墺伊による三国同盟、８３年に独墺ルーマニアによる三国同盟と、次々と同盟関係を構築していった。そして８７年には英墺伊三政府に、「地中海協定」という（ビスマルクが陰で操る）安全保障体制を作らせている。さらに同年、独墺露の（二回目の）三帝同盟が消滅した事態に対応するため、ビスマルクはロシアと「独露再保障条約」という秘密の軍事条約を締結した。

１８８０年代、次から次へと新しい同盟関係を考案して実現し、しかもこれらの複雑な同盟関係を巧みに運用していったビスマルクは、やはり不世出の天才的な外交家であった。イギリスの外交史家A・J・P・テイラーは、ビスマルクのことを「外交政策のmiracle worker」、そして「外交界のナポレオン」と呼んでいる。このような表現は決して誇張ではない。ビスマルクは、個人としては傲慢でシニカルでエゴイスティックな激情家であり、巨大な性格的欠陥を抱えた人物であった。しかし過去三世紀間の国際政治において、これほどまでに外交家としての才能に恵まれていた人物は他に例がないのである。

「外交界のナポレオン」が作った安全保障システム

以下に、ビスマルクが1880年代に作った四つの安全保障システムを簡潔に説明したい。

①ビスマルクが1882年にオーストリア、イタリアと作った独墺伊三国同盟は「ドイツに対する復讐心を捨てないフランスを封じ込めておく」、「オーストリアとイタリアが、紛争を起こす可能性を除去する」という目的のために作られたものであった。この三国同盟によってオーストリアは、ロシアと軍事衝突した際に南方からイタリアに

攻撃される危険性を除去した。フランスは、ドイツを攻撃しようとすると背後からイタリアに襲われることになり、対独戦を行うことが困難になった。

②ドイツが1883年にオーストリア、ルーマニアと作った独墺ルーマニア三国同盟は、ビスマルクがハプスブルク帝国を温存するために作ったものである。ルーマニア人を軽蔑していたビスマルクは、駐独のフランス大使に「ルーマニア人なんて、犯罪者と野蛮人の群れにすぎない。あんな連中がトルコの属国となろうがロシアの属国となろうが、我々には無関係だ」と語っていた。しかしオーストリア＝ハンガリー帝国のハンガリー人は、ルーマニアからロシア勢力を排除することを強硬に要求していた。

ビスマルクは、視野狭窄で感情的なハンガリー人の民族主義を嫌っていた。しかし彼は「オーストリア＝ハンガリー帝国がルーマニアの独立をめぐってロシアと武力衝突し、それが原因でハプスブルク帝国が崩壊するかもしれない」と怖れていた。本音では「ルーマニアなんかどうでもいい！」と思っていたビスマルクが、独墺ルーマニア三国同盟によってルーマニアを保護することに同意したのは、「この問題が原因でハプスブルク帝国が崩壊すると、中欧と東欧の勢力均衡システムが崩壊してしまう。

我々はそのような事態に耐えられない」と判断したからである。

③ビスマルクが1887年に英墺伊三政府に作らせた「地中海協定」という安全保障システムは、仏露の拡張主義を牽制するためのものであった。ビスマルクは普段、英政府とあまり仲が良くなかった。しかし「地中海協定」を作らせるための英独交渉において、ビスマルクは、英政府が地中海とバルカン半島において墺伊の味方をするよう説得したのである。

当時のイギリスは、中東とアフリカにおける植民地獲得競争でフランスと激しく対立していた。しかもイギリスは、アフガニスタン、バルカン半島、ダーダネルス・ボスフォラス両海峡の支配権をめぐって、ロシアとも対立していた。長期間、「Splendid Isolation（栄光に満ちた孤立）」を気取っていた超然として高慢なイギリス人も、この時期になると、バルカン地域と地中海において安全保障政策のパートナーが欲しくなったのである。

この英墺伊「地中海協定」が出来たため、フランスはエジプトや北アフリカの支配権をめぐって英伊両国と衝突することが困難になった。そしてロシアは、「ロシア軍がバルカン半島で南下政策を強行しようとすると、地中海協定に参加している英墺の軍事力と衝突してしまう」という不利な状況に置かれたのである。ビスマルクがアレンジした英墺伊「地中海協定」は、バルカン半島と地中海における勢力均衡を維持することに有用な道具となった。

④１８８７年、（二回目の）独墺露三帝同盟が消滅した事態に対応するため、ビスマルクはロシアと「独露再保障条約」という秘密条約を締結した。ビスマルクが作った最後の軍事条約であった。この条約の重要点は、「フランスがドイツを攻撃した場合、ロシアは中立を守る。オーストリアがロシアを攻撃した場合、ドイツは中立を守る」というものであった。この再保障条約によって独露両国は、自国の軍隊が二つの敵国と同時に戦争する状況を避けられるようになった。

ビスマルクはこの再保障条約を締結することによって、「ロシアは突然、墺独両軍に同時に攻撃されるかもしれない」という**ロシア人の恐怖感を減らそうと試みた。彼は三帝同盟の消滅によって独露関係が不安定化するのを、少しでも緩和しようとした**のである。

しかしこの独露再保障条約は、あまり効果をもたらさなかった。ドイツ政府内でこの条約締結に熱心だったのは、ビスマルクだけであった。当時、ほとんどのドイツ政府高官は、自国民の嫌露感情の悪化に同調していたのである。ロシア国内においても独露再保障条約の必要性を理解したのは、冷静で穏健なニコライ・ギールス露外相だけであった。皇帝と露軍部の高官は再保障条約の締結を無視して、国内の好戦的な汎スラヴ・ナショナリズムにひたすら惑溺していったのである。

独露対立の悪化と老宰相ビスマルクの孤独な奮闘

1888年3月、ヴィルヘルム1世が死去した。90歳であった。19世紀の人としては、かなりの長寿であった。ビスマルクは、しばしばヴィルヘルム1世の硬直した思考パターンを茶化したり皮肉ったりする「口の悪い不埒な忠臣」であった。しかし皇帝が亡くなると、彼は連日ホロホロと泣いていた。彼はヴィルヘルム1世のことが話題になるたびに、帝国議会の答弁中に泣き、家族と夕食をとりながら泣き、他国の駐ベルリン大使と会談しながら泣いていた。

1862〜88年の長期間、エゴイスティックで傲慢不遜なビスマルクが好きなようにプロイセン王国とドイツ帝国の内政と外交を操縦できたのも、剛直なヴィルヘルム1世が彼を全面的に信頼して国政を任せてくれたからである。知的ではなかったが正直で勇敢な皇帝の政治的なバックアップがあったからこそ、ビスマルクは自由に仕事ができたのである。敬愛する皇帝を失ったビスマルクは、ドイツ帝国の将来、そして自分の将来に対して悲観的になった（しかし彼は涙を流して悲観しながらも、相変わらず闘志満々であった）。

ヴィルヘルム1世の跡を継いだ親英的なリベラル派の皇太子フリードリヒ3世は、即位後たった三ヵ月で癌のため死亡してしまった。その跡を継いだのが、29歳のヴィルヘルム2世（ヴィルヘルム1世の孫）であった。彼は軽薄で自己顕示欲と虚栄心が強く、常に外見を気にする情緒不安定な人物であった。禁欲的で質実剛健だった祖父とは正反対の人物であった。

露皇帝アレクサンドル3世は、大叔父であるヴィルヘルム1世を尊敬し、信頼していた。彼は、「ヴィルヘルム1世が在位されておられる間は、朕はドイツと戦争するつもりはない」と明言していた。しかし彼は、嫌露派（露骨なロシア侮蔑派）だった皇太子フリードリヒ3世に反撥していた。孫である若き皇帝ヴィルヘルム2世に至っては、

「あのお調子者は、威張り散らしているだけの生意気で自惚れた若造にすぎない。朕は、あのような馬鹿者を相手にするつもりはない」と酷評していた。ヴィルヘルム2世も負けずに、露皇帝の悪口を言いふらして歩いた。当然のことながら1888年以降、独露関係はますます悪くなった。

皇帝の死と老兵の引退

1888年は、単にヴィルヘルム1世が死去しただけの年ではなかった。1862年からビスマルク外交を常に軍事面からサポートしてきた著名なモルトケ参謀総長も、同年、引退した。88歳であった。モルトケは世界の軍事史に残る優秀な名参謀である。プロイセン軍がオーストリア軍とフランス軍をたった数週間で鮮やかに撃破できたのも、モルトケの戦略が斬新かつ大胆であり、しかも合理的だったからである。

モルトケは、冷静寡黙で知的な学者タイプの軍事参謀であった。興奮すると泣いたり叫んだり懇願したり恫喝したりするやたらに騒々しいビスマルクとは、相性が悪かった。しかしビスマルクは優秀なモルトケを尊敬していたし、モルトケもビスマルクが稀に見る有能な外交家であることを明瞭に認識して、ビスマルクの外交政策に口を挟まなかった（ビスマルクは生涯、ドイツ軍人の悪口ばかり言っていたが、モルトケだけは例外的に褒めていた）。

1862～88年のプロイセン王国とドイツ帝国を実質的に指導していたのは、ヴィルヘルム1世、ビスマルク、モルトケの三人組であった。この三人は常に仲が良かったわけではない。しかし彼らは、お互いの仕事ぶりを尊敬していた。この三人組の協力体制の安定性と生産性は、当時の欧州において群を抜いていた（同時期の仏墺露三国は、国内政治で不毛ないがみ合いばかり繰り返していた）。しかし1888年、ヴィルヘルム1世とモルトケ参謀総長が同時にいなくなったのである。

ヴィルヘルム1世の跡を継いだヴィルヘルム2世は、明らかな愚物であった。モルトケの後任として参謀総長となったヴァルダーゼー将軍も、虚栄心と権力欲が強いだけの軽率な二流人物であった。「自分が宰相になりたい」という身の程知らずの野心を持つヴァルダーゼーは、ビスマルクを失脚させる陰謀を練り始めた。彼は皇帝ヴィルヘルム2世に、「ビスマルクは守旧派の老人であり、現状を把握していない。彼はロシア軍近代化の危険性を認識していない」と繰り返し吹き込んだ。国際政治に無理解で見栄っ張りのヴィルヘルム2世と野心家のヴァルダーゼー将軍は、「ドイツは一刻も早く、対露戦争を実行したほうが良い。ビスマルクの対露融和政策は時代遅れだ」という点で、意見が一致するようになった。その結果ビスマルク（当時73歳）は、政府内でしばしば孤立するようになった。ドイツの軍事政策と外交政策は迷走し始めたのである。

民族主義と帝国主義という「時代精神」

独墺の国内政治では1887年頃から、対露決戦派が主流派となってきた。この年、二回目の独墺露三帝同盟が消滅したため、独墺両国の民族主義者と勢力圏拡張論者が勢いづいたのである。1871年以降、一貫して民族主義と拡張主義の外交を実行することを拒否してきたビスマルクにとって、不利な政治環境となってきた。**実は当時、独墺だけでなくほとんど全ての欧州諸国において、民族主義と帝国主義を支持する世論が優勢となっていた。それがヨーロッパの「時代精神」となっていたのである。**

ビスマルクは常に、17世紀後半～18世紀的な「限定戦争」のコンセプトを支持する勢力均衡論者であった。しかしそのような「覇気のない」外交思想は、「時代遅れだ」と看做されるようになった。平等な参政権と言論の自由を獲得した〝民主的で意識の進んだ〟国民は、メッテルニヒが19世紀前半期に実行していた「保守的で打算的な限定戦争」よりも、理想主義的なスローガンを振りかざす「敵国を叩きのめす正義の総力戦争」を好むようになったのである。ドイツ軍部やマスコミ人の中には、生まれつき闘志満々で獰猛な性格のビスマルクを、「あいつは臆病者だ」と貶《けな》す者まで現れた。ビスマルクの冷静で用心深いバランス・オブ・パワー外交を、まったく理解できない軽率なナショナリストが増えたのである。

１８８７年、オーストリア軍部はドイツ軍部に、「ロシア軍がこれ以上強くなる前に、独墺共同でロシア軍を叩き潰してしまおう」と提案した。ロシアを先制攻撃する予防戦争案である。ビスマルクはこの提案を一蹴したが、ドイツ軍幹部のほぼ全員が予防戦争案に賛成した。そして同年秋、軍部はこの予防戦争案を皇帝に提案したのである。当時、ヴィルヘルム1世とフリードリヒ3世は、すでに病床（死の床）に就いていた。そして半年後にドイツ新皇帝となる若きプリンス、ヴィルヘルム2世は、この予防戦争案にあっさり賛成したのである。ビスマルクにとって不吉な前兆であった。

ビスマルクが対露戦争に反対したのは、「ドイツは対露戦争に勝てない」からではなかった。**彼は「ロシアとの戦争に勝つのは、ドイツの国益とならない」という理由から戦争に反対した**のである。ビスマルクは40歳代の時、三年間、駐露大使を務めていた。

ロシアの国情とロシア人の性格を熟知する彼は、「対露戦争はドイツの自殺行為だ」と考えていた。以下に少し長くなるが、彼の意見を紹介したい。

ロシア軍を叩きのめして最も完璧な戦勝を成し遂げたとしても、そんな〝完璧な戦勝〟は何の役にも立たない。ロシア帝国は巨大であり、ドイツ軍がすべて占領して破壊できる国ではない。しかもロシアの冬は長くて苛酷だ。ドイツ軍は、あの極寒大陸の占領に耐えられないだろう。そしてロシア人は逆境に強い。彼らは極貧と飢餓に耐えて、占領軍に対する抵抗を続けるだろう。ロシア人は一回や二回、戦争に負けたからと言って、占領軍にあっさり服従するような連中ではない。

そもそも「戦争に勝つ」ということと、その戦争の後に「政治的に有利な立場を確保する」ということは、まったく別のことである。戦争に勝っても、国際政治における我々の立場が有利になるとは限らない。戦勝してロシアの領土を大規模に割譲させても、そこに住んでいる異民族を我々は統治できるのか？　我々は、際限のない政治紛争と民族紛争に巻き込まれることになりかねない。我々はフランスから領土を獲ったため、西方のフランスと永続的に対立することとなった。次に東方のロシアから領土を獲れば、我々は復讐心に燃える仏露両国に、西と東から挟まれた状態で生きていくことになる。そんな状況が、我々にとって有利な国際環境になると思うのか？

戦争というのは、始めるのは簡単なのだ。しかしドイツ軍部は、どのようにして対露戦争を終結するつもりなのだ？「我々はこのようにロシアにおける戦争と占領を終結する」という具体的なプランを、先ず提示してほしい。君たちはそんなプランもなく、軽率にこの予防戦争を開始するつもりなのか？

対露戦争に勝っても、ドイツ外交が抱える問題の解決にはならない。この戦争を実行すれば、その後の欧州外交の諸問題は複雑化して、不確実性と危険が増えるだけだ。ドイツの将来は、対露戦争の勝利によってますます不安定なものになるだろう。我々が対露戦に勝利するのは、今後の欧州にとって悲劇的な結果となるかもしれない。（強調は著者）

以上がビスマルクの対露反戦論である。深く考え抜かれた賢明な避戦論である。彼は、広大なロシアをドイツ軍が占領するのは不可能な企てであること、そして運よく戦勝したドイツがロシア帝国の領土を大規模に割譲させたとしても、今度はドイツが東欧やコーカサス地域やバルカン半島の民族紛争に巻き込まれることになり、そのような結果はドイツにとってプラスとならないことを見抜いていたのである。生涯、「限定戦争」の支持者であったビスマルクは、欧州諸大国の軍部が着々と「敵国を完全に叩きのめす総力戦」の準備をしていることに対して、悲劇的な予感を抱いていた（A・J・P・テイラーは、「メッテルニヒとビスマルクは打算的な限定戦争を実行して、数万人を死亡させた。しかし20世紀の政治指導者たちは「理想」や「正義」を振りかざす戦争を実行して、数千万人を死亡させた」と述べている。その通りである）。

愚かな世界大戦の時代へ

1888年と89年、対露避戦論を頑固に説き続けた孤独な老宰相ビスマルクは、90年の春、「若くてハンサムで覇気に満ちた」ヴィルヘルム2世に解雇された。**避戦主義のビスマルクは、ドイツ政府内部でほとんど孤立した状態であった。**帝室や軍部だけでなくドイツ外務省の多数派の官僚たちも、英米に匹敵する工業力と世界最強の陸軍を持つようになったドイツが、「ゲルマン民族の優越性を顕す世界政策」を実現するのを望むようになっていたのである。**ドイツ政治の潮流は、英仏露の三列強に「大胆にチャレンジする」若きドイツ皇帝を支持する方向に動いていった。**

ビスマルクを追い出すことに成功したヴィルヘルム２世とヴァルダーゼー参謀総長は、１８８７年の独露再保障条約を失効させた。ロシアと戦争したがっていたこの二人は、再保障条約を継続する必要性を感じなかった。当然のことながら露政府は「ドイツは対露戦争の準備をしているのだ」と解釈して、フランスとの関係を強化していった。露仏は１８９２年に軍事協力を具体化させ、９４年に正式の露仏同盟を締結した。その後、イギリスもこの露仏陣営に参加して（１９０４年の英仏協商と０７年の英露協商）、英仏露三国はドイツを主敵とする同盟関係を構築したのである。

ビスマルクは繰り返し、「現在の国際政治は五極構造（＝英仏独墺露）である。我々はこの五極のうち、三極が作る多数派グループに所属しなければならない」と主張していた。しかしビスマルクを追放した後のドイツは、少数派の二極グループに所属することを選択したのである。しかもドイツのパートナーとなったオーストリアの軍事力は、五極の中で最も脆弱であった。この事実一つを見ても、ビスマルク後のドイツには戦略的な判断力が欠けていたことが分かる。19世紀末期から20世紀初頭にかけて、英仏露三国を同時に敵に回してしまったドイツは、（1930年代の東アジアにおいて、米中露の三大国を同時に敵に回してしまった日本と同様の）愚かな外交を実行していた。

ドイツ国民の大部分は、1864〜70年のビスマルクの三つの戦勝に拍手喝采したが、彼の1871〜90年の複雑な均衡政策と辛抱強い避戦外交のロジックは、ほとんど理解できなかった。バランス・オブ・パワー外交というのは、素人受け、大衆受けする分かりやすい外交政策ではない。政権末期の老宰相ビスマルクは、「孤独な奮闘」を余儀なくされたのである。

「ドイツ勢力圏の拡大は不要だ。欧州の勢力均衡を維持せよ。勝てる戦争をやってはいけない」というビスマルクの深い智慧と長期的な戦略観を理解できたドイツ人は、ごく少数であった。しかしビスマルクは孤立に耐えて、世論や「時代精神」と闘い続けたのである。ビスマルクは、多くの性格的欠陥を抱えたエゴイスティックな激情家であった。しかし**彼は最後まで、国際政治における「冷徹な理性の人」であった。**

4章

タレーラン

偉大な忠国外交を成し遂げた稀に見る悪辣な政治家

「殺しておけば良かった」タレーラン

「歴史に残る外交三賢人」として次に採り上げるのは、フランス革命（1789年）から1830年代の七月王政期まで活躍したタレーランである。彼は、不思議な人物であった。歴史家や政治学者の間で、タレーランほど評価の分かれている人物は珍しい。あまりにもシニカルで無道徳・無節操な男であったがために、通常人に対する道徳基準を彼に当てはめて議論してみても上手く説明できないのである。タレーランの同時代人は彼のことを、「**天使のような顔付きをした悪魔**」と呼んでいた。彼は抜群に頭が切れる「会話の天才」であったが、死ぬまで自分の本音と本性を他人に明かさなかった。彼は、「人間が言葉を使用するのは、自分が考えていることを隠すためである」と述べていたが、それを最後まで実践してみせたのがタレーランであった。

最初に、タレーランがどれほど有能であったかを示すエピソードを紹介したい。

1815年3月、エルバ島を脱出したフランスの前皇帝ナポレオンは、フランス本国に戻って「百日天下」政権を樹立した。そして彼は即座にタレーランに密使を送り、外相就任を要請した。当時タレーランは復活したブルボン王朝の外相として、ウィーン会議に出席中であった。ナポレオンはエルバ島に流されていた時、何度も繰り返し、「皇帝在任中に、あの裏切り者タレーランを殺しておけば良かった。あの男を生かしておいたのは間違いだった」と悔やんでいた。しかし彼がフランスに戻って臨時政府を樹立すると、また「現在のフランスの外相を務められるのは、タレーランしかいない」と言い出したのである。彼にとって「殺しておけば良かった」タレーランは、それほど不可欠な人物だったのである。

その一方、タレーランを外相としてウィーン会議に出席させていたブルボン王朝のルイ18世も、タレーランを嫌って、信用していなかった（タレーランも、「ルイ18世は鈍感なくせに傲慢だ」と国王を軽蔑していた）。しかし当時のブルボン家にとっても、「現在のフランスの外相を務められるのは、タレーランしかいない」状態であった。１８１５年3月から6月にかけて、フランスの支配権をめぐってナポレオンとブルボン王朝が死闘を演じていた時、両者とも、「タレーランは悪党だ、裏切り者だ、あの男は信用できない。しかし現在のフランスで外相を務められるのは、彼しかいない」と考えていたのである。タレーランとは、対立する政敵の両陣営からそれほどまでに高く評価されていた「悪魔のように頭が切れる外交家」であった。

本章では最初にタレーランの性格と経歴を紹介し、その後、ナポレオン失脚時とウィーン会議におけるタレーランの冷静で鋭利なリアリズム外交が、フランスの国益を守るためにどれほど大きな貢献をしたかを説明したい。

タレーランの生い立ちと性格

シャルル・モーリス・ドゥ・タレーラン＝ペリゴールは1754年に生まれ、1838年に亡くなった。「プリンス」の称号を持つ彼は、Grand Seigneur（グラン・セニュール）と呼ばれるフランスの大貴族であった。単なる普通の貴族ではなく、国王家と友人付き合い・親戚付き合いするような最上層貴族の家系であった。彼の先祖のタレーラン＝ペリゴール家はカロリング王朝（751年）時代からフランスの大貴族であり、次のカペー王朝（987年）においても重鎮でもあった。ルイ18世はタレーランに初めて会った時、「君の家系は、僕の家系と同じくらい古い家系だね」と述べたといわれる。後に革命推進派貴族グループの指導者となった「プリンス」タレーランは、実はフランスで最も特権的な家系の出身者だったのである。

タレーランの祖父は侯爵、父は伯爵で陸軍中将、叔父はカトリック教会の大司教であった。当時のフランスの大貴族たちは、息子を軍人か教会の高僧にするのが普通であった。長男であるタレーランは、本来ならば父と同様の陸軍将校のキャリアを選ぶはずであったが、片足に障害があったため、父の命令によりパリのカトリック神学校に入れられた。才気煥発な秀才少年であったタレーランは、神学校を嫌悪した。彼は神学の勉強を怠けて、修道院付属の図書館でひたすら哲学書、政治思想書、歴史書を読みふけっていた。後に多くの人を圧倒したタレーランの博識とシャープな弁論術は、この時期の多読によって培われた。図書館での読書に飽きるとタレーラン少年はパリの繁華街に繰り出して、女優や高級娼婦と戯れていた。つまりこの「神学生」、信仰心や敬虔さなどかけらもない、生意気で弁の立つ非行少年だったのである。後にフランス革命が起きると、タレーランがあっという間に聖職を捨てて革命運動に飛び乗ったのも、子どもの頃に教会職のキャリアを両親に強制されたことに対する反撥が原因であったといわれている。

悪名高きプレイボーイ

神学校を卒業後、タレーランは当時のヨーロッパにおける神学研究の最高峰であったソルボンヌ大学で神学の学位を得ている。カトリック教会の高級官僚になるための準備である。当時、18世紀後半期の理性崇拝主義の啓蒙思想にかぶれていたタレーランは、キリスト教神学を軽蔑していた。しかし彼は外交の実務から引退した後、「私の外交の仕事で最も役に立ったのは、神学の勉強だった」と回想している。当時も現在も国際政治における外交論争というのは、一見、重要な政治思想や道徳規範や国際法上の正当性に関する「真剣で高邁な議論」であるように見えながら、実際にはその場その場の政治的都合により、もったいぶった態度で知的根拠が希薄な理屈をまくし立てているにすぎないことが多い。つまり「神学論争」にすぎないものが多いのである。少年期・青年期に長期にわたり神学の勉強を強要されたタレーランにとって、実際には知的根拠の怪しい外交政策の屁理屈を「威厳ある態度で、真摯に、そして誠実に」熱弁してみせるテクニックは、第二の天性となった。

25歳でカトリックの司祭となり、昼は教会の謹厳な官僚としてフランス政府との財務・法務に関する仕事を担当したタレーランは、夜になると、パリのサロン文化人、裕福なプレイボーイ（そしてギャンブル狂）に変身する、悪名高き非行貴族となった。タレーランの会話は常に機智と鋭い皮肉と諧謔《かいぎゃく》に満ちており、彼は「パリ社交界で一番の会話上手」という評判を得るようになった。パリを訪れたヴォルテールもタレーランの会話術の巧みさに感心し、彼の文才を褒めたという。

タレーランは複数の高名な既婚の貴族婦人たちと不倫関係を持ち、彼女たちを妊娠させ、子どもを産ませた。そして彼は、そのような「聖職者にあるまじき乱脈な生活」を批判されても、平然としていたのである。敏腕な教会官僚でありながらキリスト教とブルボン王朝を軽蔑していたタレーランは、現世における世俗的な快楽を追求する冷酷なニヒリストであり、しかも快活で楽天的なシニック（犬儒派《けんじゅ》）でもあった。このような「知的に洗練された、愉快で邪悪な神父さま」が多数のパリの貴婦人にもてはやされたのは、当然のことであった！

大胆な裏切りを繰り返したモンスター

体制派の有能な教会官僚でありながら、反社会的な快楽主義を大胆に実践する非行貴族、という明らかに矛盾した人生を送っていたタレーランは、政治的な野心家であった。彼は教会体制内で自分がスピード出世したことに満足しておらず、しかも多数の有力な既婚女性たちとの不倫関係にも退屈していた。つまり彼は、「パリ社交界の爛熟した生活を満喫する、危険な不満分子！」だったのである。そしてこの「クールな悪徳司教」

タレーランが35歳の時、フランス革命が勃発した。彼は即座に革命運動に便乗し、政治権力と名声を獲得しようと動き始めた。彼のその後の人生は、あからさまな裏切りと変節の繰り返しであった。

†タレーランのように何度も苛烈な変節行為を繰り返した男が、「大革命・ナポレオン独裁・ブルボン王政復古」というフランス政治史上で最悪の激動期を暗殺もされずに生き延びたのは、実に不思議なことである。

以下に、「**タレーランの六つの裏切り**」を列挙してみよう。

①1789年のフランス革命に「聖職者層」の代議員として参加したタレーランは、即座に「第三身分層（市民層）」の反教会主義に同調して、「フランス革命政府は、カトリック教会の全財産を没収すべきである」と主張し始めた。当時のフランスのカトリック教会は、全国土の15％を所有する大地主であった。革命直前まで、教会本部の高官として教会の既得利権を守るために奮闘していたタレーランが、あっという間に反教会主義陣営のリーダーに変身したのである。その結果カトリック教会は、全財産を

没収されてしまった。

②1792年8月、過激化した革命政府はルイ16世の王権を剝奪し、国王一家を幽閉した。同年9月には、暴徒化したパリ武装民衆による貴族と王党派の無差別虐殺が始まった。革命推進派であったはずの「プリンス」タレーランは即座に革命政府に愛想をつかし、さっさとイギリス、そしてアメリカに亡命してしまった。

③1794年、ファナティックな革命原理主義者ロベスピエールによる恐怖政治が終焉し、その翌年から、無能で不安定なDirectoire（総裁政府）が開始された。タレーランは96年に帰国し、その翌年、人脈を使って外相のポストを獲得した。しかし彼は短期間で総裁政府の無能ぶりに見切りをつけて、当時イタリア戦線で華々しい戦果を挙げていた英雄将軍ナポレオンに近づいた。そして1799年、ナポレオンとタレーランは「ブリュメール十八日のクーデター」を起こした。タレーランは、自分を外相に登用してくれた総裁政府をあっさり破壊したのである。

④クーデター後、ナポレオンとタレーランはConsulat（統領政府）を設立し、1804年には、ナポレオン帝政を作った。タレーランは両体制の外相を務め、帝政では皇帝侍従長も兼任するようになった。しかし1806年以降、ナポレオンとタレーランは外交と戦争政策で明確に対立するようになり、07年、タレーランは外相を辞任した。タレーランはナポレオンの外交政策アドバイザーを続けたが、同時に彼は墺露両政府から賄賂をとって、ナポレオンの戦争を妨害し始めた。常に冷静で冷酷であったタレーランにとって、ハプスブルク帝国（墺）、プロイセン（プロシア）帝国、ロシア帝国、大英帝国という当時の欧州四大帝国のすべてと長期戦争を続けるナポレオンは、「フランスの敵、そしてヨーロッパの敵」となったのである。

⑤1813年秋、ナポレオンの対露遠征が大失敗であったことが明らかになると、タレーランは活発なナポレオン帝政破壊工作を開始した。1789年にブルボン王朝に打撃を与える革命運動に加担した「大貴族」タレーランは、1813年になると、「ブルボン正統主義」を提唱する守旧派勢力の指導者に変身したのである。そして1814年5月にブルボン王朝が復活すると、ナポレオン帝政の外相であったタレーランが、

またしても外相に就任した。

⑥1814年秋～15年春のウィーン会議においてフランスの国益を守ることに大成功したタレーランは、15年夏にブルボン王朝の首相兼外相となった。しかしタレーランの1789～1813年の苛烈な裏切り行為を決して忘れていなかったルイ18世の側近たちは、国王を説得してタレーランを解雇させた。失脚したタレーランは「リベラルな反体制派」に再変身して、元老院における政策討論でブルボン王朝の〝保守反動〟政策に反対し続けた。そして1830年に「七月革命」が起きると、タレーランは即座に反ブルボン派のルイ・フィリップ王を支持したのである。この革命の後、「七月王政」はタレーランに外相就任を要請したが、すでに高齢（76歳）であったタレーランはそれを断り、次の四年間、ロンドンで駐英大使を務めて長い外交家のキャリアを終えた。

以上が「タレーランの六つの裏切り」である。ルイ16世のブルボン王朝、カトリック教会、革命政府、革命政府崩壊後の総裁政府（1795～99年）、ナポレオン帝政（1

804〜14年)、ブルボン復古王朝(1814〜30年)と、次から次へと裏切り続けた経歴には、唖然とせざるを得ない。**過去三〇〇〇年間の世界史において、これほどまでに多くの裏切りと変節を繰り返し、しかも最後まで政権に参加し続けた政治家はいない。**まさに非人間的なモンスターである。厚顔で鉄面皮なタレーランは自分の変節行為について、「私は不道徳な陰謀策士とみられてきたが、実は私は冷静な態度で人間たちを軽蔑していただけなのだ。……**私が策略や陰謀を企てたのは祖国を救うためであり、私の共犯者はフランスであった**」と述べていた。

これは単なる言い訳、言い逃れとも聞こえる。しかし彼の「私は、冷静な態度で人間たちを軽蔑していただけなのだ」という言葉には、真実味がある。タレーランほど人間の弱みを見抜き、軽蔑していた人はいなかった。同時代の作家、ジョルジュ・サンドは、「タレーランは生涯、崇高な感動を覚えたことがなかった。彼には、「誠実」という観念が理解できなかったのだ。タレーランは遠い世界から訪れた異様な人物であり、例外的に醜悪な存在であったから、皆が彼を嫌悪し、そして賛美の眼差しで彼を見つめていた」と述べている。タレーランはあまりにも醜悪な人物なので、「皆が嫌悪し、呆れ果てて賛嘆してしまう」のであった。

しかし1814年春にナポレオンが失脚し、敗戦国フランスが敵国軍に占領された後のタレーランの政治行動と外交政策を観察すると、「私が策略や陰謀を企てたのは、祖国を救うためであった」というタレーランの〝言い訳〟にも、かなりの真実味があったことが理解できる。**祖国敗北の後、悪名高き〝裏切りの常習犯〟であったタレーランは、自分が「偉大な忠国者」であることを証明してみせた**のである。多くのフランス人から「悪魔！」「毒蛇！」と罵られてきたタレーランの冷静なリアリスト外交が、敗戦国フランスを救ったのであった。

一貫した思想と信条

ギャンブル好きで浪費癖・放蕩癖の強いタレーランは、国内と国外から平気で賄賂をとる腐敗政治家であった。カトリック教会の高僧であった彼は、女性関係が極めて乱脈であり、しかもその事実を隠そうともしなかった。タレーランを「厚顔無恥の変節漢」と批判する人は多い。

しかし1789年の革命期から1830年代の七月王政までのフランスの政治史・外交史の文献を読んでいると、タレーランの思想と行動には堅固な一貫性があったことが分かる。彼は単なる軽薄で無責任なオポチュニストではなかった。勿論タレーランは、フランスの諸政権・国王・皇帝に対する裏切りを繰り返した悪党であり、陰謀家である。しかし不思議なことに彼の政治思想と外交思想には、四〇年以上にわたって堅固な一貫性があった。実はタレーランとは、「自分の中核にある政治思想と外交思想を曲げるくらいなら、むしろ自分が仕えている政府や国王・皇帝を破壊する途を選ぶ」という、きわめて大胆な危険人物だったのである。

タレーランはフランス革命に積極的に参加した。しかし彼の政治思想は常にアングロ・サクソン的な古典的自由主義・立憲主義であり、過激なジャコバン的共和主義や社会主義には一度も共鳴しなかった。「プリンス」の称号を持つ大貴族出身のタレーランは、ブルボン旧体制の王権神授説的な絶対主義に激しく反撥していただけなのであり、イギリスやオランダの王制のような穏健な自由主義的立憲体制なら大歓迎なのであった。そして彼は生涯、この政治信条を一度も変えなかった。ナポレオン皇帝や1815年以降のブルボン復古王朝が、言論の自由を弾圧したり自由な経済活動を抑圧したりした時、タレーランが大胆な反対意見を述べたのはそのためである。数多くのあからさまな裏切り行為と陰謀工作にもかかわらず、タレーランは死ぬまでヴォルテール的、そしてアダム・スミス的な自由主義思想に忠実な知識人であった。
外交思想においても、タレーランの信条は一度もブレなかった。冷酷なほど一貫していた。彼の外交政策は常に防御的なバランス・オブ・パワー（勢力均衡）政策なのであり、革命政府やナポレオン帝政が「フランス革命の理想を世界諸国に拡めたい」とか「抑圧された諸民族を解放したい」という口実をつけて他国に対する侵略戦争を正当化したことに、明瞭に、そして執拗に反対し続けた。例えば1792年、タレーランは当時の革命政府の実力者であったダントンに、以下のような外交政策提言レポートを送っている。

フランス人は、「我々はヨーロッパで最も偉大な国であるべきだ」という旧来の野心を捨てるべきである。フランス人は、現在の領土に満足すべきである。真の国益とは、他国の領土を強奪して支配領域を拡大させることではない。フランス領土内における経済活動によって国富を増大させることこそ、我々の真の国益なのである。しばしば「領土拡張政策は、国家のランクやプライドやヘゲモニーを上昇させるために必要な政策だ」と説明されてきた。このような説明は馬鹿げたジョークであり、政治的狂気でしかない。「国家のランキング、ヘゲモニー、優越性」などは虚偽の評価であり、我々の真の力量を示すものではない。

領土拡張政策は、我々の統治行為にとって困難な問題を増やすだけである。そのような政策は、フランス国民の真の幸福と安全保障につながらない。フランス人は現在のフランスの領土に満足すべきであり、これ以上大きな支配圏を必要としていない。したがって我々が諸外国と結ぶ同盟関係は、すべて現状維持を目的とする防御的な同盟であるべきだ。

タレーランはフランス革命時から1834年に退官するまで、一貫してこのレポートに書かれた外交方針を追求した。彼はナポレオン戦争の大成功に国民が狂喜していた真っ最中に、冷ややかな態度で「こんな無思慮な領土拡大政策は、いずれ必ず失敗するだろう」と何度も予告していた。タレーランの外交政策リアリズムは、イデオロギーやナショナリズムとは無縁のものだったのである。

ナポレオンへの忠告

パリに駐在するヨーロッパ主要国の大使は、タレーランの防御的リアリズムと非戦政策を理解していた。例えば1805年、プロイセンの駐仏大使は本国政府に、「ナポレオン皇帝はオーストリア（ハプスブルク帝国）と戦争しようとしているが、タレーラン外相はこの戦争を避けようと必死である」と報告している。タレーランは、フランスが対墺戦争すれば勝つことを知っていた。そして彼は、「こんな戦争には勝たないほうが良い」とナポレオンに忠告していたのである。バランス・オブ・パワー計算を重視するタレーランは、「中欧・東欧・バルカン地域に支配圏を持つハプスブルク帝国は、ロシア帝国とオスマン・トルコ帝国の西欧侵攻を防ぐ防波堤として機能してきた。我々がハプスブルク帝国を叩き壊すと、ロシア・トルコ両帝国の西欧進出に有利な状況を作り出してしまう。したがってこの戦争に勝つのは、フランスの長期的な国益にならない」と冷静に分析していたのである。

駐仏大使であったメッテルニヒ（のちに墺外相・宰相）も1808年、本国政府に対して、「ナポレオンの好戦的態度にもかかわらず、タレーランは1805年から一貫してナポレオンの諸戦争に反対してきた。フランスがオーストリアとプロイセンに対する戦争に勝利した時、タレーラン外相は墺普両国に対して苛酷な終戦条件を押し付けることに反対してくれた。タレーランはヨーロッパの勢力均衡システムを維持することに熱心である。彼は私に、「フランスの領土には natural limits というものがある。それはライン河とアルプス山脈とピレネー山脈だ。この natural limits を守るための戦争はフランスの戦争だから、私はその戦争を支持する。しかしこの natural limits を越える戦争はナポレオン個人の戦争であって、フランスの戦争ではない。だから私はそのような戦争に反対するのだ」と語った」と報告している。

タレーランの防御的なバランス・オブ・パワー政策は、明確に定義された外交思想だったのである。したがってフランス革命とナポレオンの独裁を嫌悪していた英露普墺四国の外交官も、タレーランとは真剣に交渉した。それに比べて単なる天才的軍人にすぎなかったナポレオンには、明瞭に定義された外交思想など存在しなかった。彼は、戦争に勝ち続けること自体にスリルと生き甲斐と満足感を感じていた単純な戦争屋であった。ナポレオンは、「戦争に勝ち続ければヨーロッパは一極覇権構造となり、ボナパルト家のドミナンス（優越性・君臨）が確立されるだろう」と期待していた。しかし中世以降の欧州外交史を熟知していたタレーランは、16～17世紀のハプスブルク帝国とルイ14世の「一極覇権願望」がどのように失敗したかを明瞭に理解しており、「実現不可能な一極体制やドミナンスを追求するよりも、ヨーロッパの伝統的な勢力均衡システムを維持したほうが賢明だ」と確信していた。

†ナポレオンの一極覇権主義の野望が失敗してから二世紀後、現在のアメリカも「一極覇権願望」とドミナンス願望に憑《とりつ》かれた状態である。ペンタゴンの役人は、「我々は、すべての軍事領域において敵を圧倒するフル・スペクトラム・ドミナンスを目指すのだ」と語っている。高慢で自信過剰のナポレオンは過去の国際政治史から教訓を学ぶことを拒否したが、冷戦後のワシントンの外交政策エスタブリッシュメントも同様である。そして、そのような一極覇権妄想に憑かれたアメリカにしがみつくこと以外、何も考えられないのが、敗戦後の日本なのである。

タレーランの〝屁理屈〟敗戦処理

1814年春のパリ条約におけるタレーランの活動は、素晴らしいものだった。常に冷静で大胆で狡猾であったタレーランは四戦勝国（英露普墺）を相手に堂々と敗戦交渉を行い、戦勝諸国にフランスの要求をほとんど呑ませてしまったのである。以下にその行動を簡潔に解説したい。

1814年4月のフランスは無政府状態であった。ナポレオン敗北とフランス政府崩壊に驚いた国民は、茫然自失の状態であった。当時ソルボンヌ大学の歴史学教授であったフランソワ・ギゾー（後に仏首相となった）は、「敗戦時、すべての国民が虚脱状態であった。国家危機の真っ只中で、誰も行動しようとしなかった。人々は不平不満を並べたてるだけで、何も実行できなかった。フランス政府の高官たちは自分が逃げ出すことに忙しく、祖国の運命には無関心であった。フランス国民は、「今後、自分たちがどのような国家を望んでいるのか」ということを具体的に考える能力すら失っていたのである」と回想している。

このような**全国民の虚脱状況にあって、「ナポレオン失脚後のフランス」に関して準備していた人物が一人だけいた。タレーランである。**彼は1805年から「ナポレオンはいずれ大失敗するだろう」と冷酷に予告していたから、フランスの敗北にまったく驚かなかった。1813年からタレーランはナポレオン失脚後の政治体制をいろいろ構想していたが、14年になると、「もう一度、ブルボン王朝を復活させるしかない」という結論に達した。タレーラン自身は、ブルボン家が好きではなかった。しかし「現在のフランスを内乱・内戦から救うためには、もう一度、ブルボン家を利用するしかない」

という苦渋の結論に達したのである。

そしてタレーランはブルボン家を復活させるに際して、正統主義（legitimacy）原則という理屈を持ち出した。この正統主義とは、①ヨーロッパの政治と外交は、正統な王家を代表する諸政府によって運営されるべきである、②ヨーロッパの平和と安定に対する加害者は「王権簒奪者」であった革命派とナポレオンだったのであり、ブルボン家は被害者であった、③したがって被害者であるブルボン家には、革命前のフランスの領土と権力を回復する正当な権利があり、ヨーロッパ諸政府はブルボン家が再び君臨しているフランスを処罰すべきではない、という理屈である。

実にブリリアントな屁理屈である。タレーランがこの正統主義の理屈を持ち出し、それを戦勝諸国に呑ませれば、戦勝国はフランスを処罰する根拠を失う。そして弁舌が巧みで行動力のある外交家タレーラン（革命政府とナポレオン帝政に積極的に加担したタレーラン！）は、たった一人でこの「正統主義」という屁理屈を戦勝諸国に呑ませてしまったのである。その結果、1814年5月にナポレオン戦争を終結させるために結ばれたパリ条約では、フランスが革命前の領土をすべて回復することが認められ、しかも賠償金はゼロであった。**革命政府とナポレオンがヨーロッパ諸国にあれほど巨大な損害を**

与えたにもかかわらず、フランスは処罰と復讐を逃れたのである。

しかもタレーランは敗戦状態のドサクサを利用して（ルイ18世が実際に国王の権力を握る前に）、ブルボン復古王朝が遵守すべき新憲法までさっさと決めてしまった。タレーランが決めた新憲法は、イギリス的な自由主義的立憲体制であった。ブルボン家はこのリベラルな憲法案を嫌ったが、タレーランは、「ブルボン家がこの憲法を受け入れることが、王制復古の必要条件なのです」と言葉巧みに説得して、新憲法を押しつけてしまった。アンチ・ナショナリスト（開明的なコスモポリタン）であったタレーランは、鈍感なくせに強情なブルボン家が、以前の絶対主義的君主制をもう一度復活させようと試みることを阻止したかったのである。

同時代の小説家バルザックは、「敗北したフランスが戦勝諸国によって分割される、という悲劇から祖国を救ったのがタレーランだ。ブルボン家を国王に復位させたのも、タレーランだ。そのタレーランに対して、フランス国民は罵詈雑言を浴びせたのである」と記している。

ウィーン会議での熾烈な覇権闘争

1814年9月から開始されたウィーン会議においても、タレーランは奮闘した。フランスの自主独立を回復すると同時に、**敗戦国フランスを戦勝国**（**英露普墺**）**と対等な地位に引き上げる仕事を成し遂げた**のである。ウィーン会議は俗に「会議は踊る、されど進行せず」という嘲笑で知られる。しかし会議の本質は熾烈な覇権闘争であった。12月になると英墺仏露普五ヵ国は緊迫した臨戦態勢に入り、「我が国の要求が呑めないのなら、もう一度戦争だ！」と相互に恫喝しあう状況となっていた。以下にタレーランの行動を中心として、ウィーン会議を説明したい。

9月初旬から討議が始まったウィーン会議にタレーラン外相が初めて参加できたのは、9月末日であった。それ以前に英露普墺は何度も討議を重ねていたが、敗戦国フランスの外相は会合に呼んでもらえなかった。四戦勝国だけの会合でまずウィーン会議進行のルールとプロセスを決め、「それが決まってから、フランスを参加させてやる」という態度であった。

9月末日にスペイン大使と一緒に初めて会合に参加できたタレーランは、議長のメッテルニヒ墺外相から、「これがウィーン会議進行のルールだ」と書類を渡された。書類を読んだタレーランは、即座に猛然と反論した。彼は、「こんな一方的なルールとプロセスはまったく受け入れられない。このようなプロセスには、レジティマシー（正当性・正統性）が欠けている。しかも国際法違反だ。そもそも誰が英露普墺の四ヵ国に、このようなルールを勝手に決める権利を与えたのか！」と抗議し、延々と二時間も戦勝四ヵ国の不当性と違法性を喋りまくったのである。学識・教養に富み、鋭い討論能力を持つタレーランは、戦勝四ヵ国の外相を相手に一歩も引かなかった。その結果、その日の会合は結論を出せずに散会となってしまった。

その晩タレーランは、英露普墺の会議進行のやり方を厳しく論理的に批判するメモランダム（アジ文書！）を書きあげ、翌朝、各国の代表に配布した。せっかくウィーン会議に出席したのに、9月中は一度も討議に呼んでもらえず、英露普墺四大国のやり方に大きな不満を持っていた数十の中小諸国の国王と外相は、タレーランのメモランダムに強く共鳴した。この状況を見て、四大国の外相はうろたえた。四外相は何度か会合を開いて、タレーランを批判した。しかしタレーランは自説を曲げなかった。10月5日、ウィーン会議議長のメッテルニヒはタレーランに、「あのメモランダムを、公式に撤回してほしい」と頼んだが、タレーランはそれを拒否した。

会議進行のルールを一方的に決めることに失敗した四大国は、タレーランが仕掛けた

「中小諸国の造反劇」にどう対応したらよいかを決められず、11月1日までウィーン会議の正式開催を延期することにした。四大国の外相は、「タレーランを敵に回すと、やっかいなことになる。あの男は多くの中小諸国の国王と外相を煽動して、国際会議を麻痺させる能力を持っている」という苦い教訓を学んだのである。その後、四大国の代表（特にカッスルレー英外相とメッテルニヒ墺外相）はタレーランと緊密に協議するようになった。そして彼は1815年1月初旬、「四大国会合」を「五大国会合」に正式に変更させることに成功した。敗戦国フランスは、戦勝国と対等な発言権を得たのである（敗戦後七五年経っても——そして連年、巨額の国連予算を負担させられても——国連安保理の常任理事国にすらなれない日本とは大違いである）。

「正義の司教」の大仕事

ウィーン会議においてタレーランは、「五大国会合」体制を実現するよりも、もっと大切な仕事をしている。それは「戦勝国・英露普墺の同盟関係を崩壊させて、英墺仏三国による軍事同盟を作りあげた」という世界の外交史に残る快挙である。

1814年9月に欧州諸国の国王と外相がウィーンに集まった時、少なくとも外見上は、英露普墺四国に深刻な対立があるようには見えなかった。しかし10月になるとこれら四ヵ国は、ポーランドとザクセン（プロイセンの南側の君主国）の支配権をめぐって激しく対立するようになった。ロシアはすでにポーランドを軍事占領しており、この占領を解除するつもりはなかった。その一方プロイセンは、対ナポレオン戦争中の外交協議において「英墺露三政府は、プロイセンによるザクセン併合に反対しない」との了解を得たと考えており、今頃になってザクセン併合を諦めるつもりはなかった。

英墺両国が戦争中、露普両国の領土拡大要求を明確に拒絶しなかったことは事実である。英墺にとってはナポレオン打倒が最優先の課題であり、戦争後の領土問題で露普両国と揉めるのを避けたかったからである。しかし14年の9月になると、英墺両国は態度を変えた。これら両国にとって**ウィーン会議の最大目標は、「今後のヨーロッパの勢力均衡システムを構築すること」**であり、その観点から、露普の領土拡大政策を抑制したかったのである。

これに対して露普両国は、「英墺は、戦争中は我々の領土拡大要求を容認するふりをしていたのに、ウィーン会議になるとその約束を反故にした。我々は騙された！」と怒った。露普の怒りは（彼らの立場からは）正当なものであった。その一方英墺両国は、

「我々は欧州全体の勢力均衡システムを構築するという大局的な視点から、この領土問題を協議しているのだ。ロシアの東欧進出とドイツ圏におけるプロイセンの覇権確立は、今後の欧州の勢力均衡にとって不安定要因となるから好ましくない」という考えであった。この英墺の判断も（彼らの立場からは）正しいものであった。つまり露普も英墺も、「自分の立場は正しいのだ！」と確信しており、これら四大国がいくら討議を重ねても、この領土問題はまったく進展しなかった。

この対立を見て大喜びしたのがタレーランである。タレーランは、「ウィーン会議においてフランスの孤立を避け、さらに大国としての発言権と影響力を回復するためには、英露普墺の四国関係に亀裂を作るしかない。領土問題で英墺と露普を対立させる必要がある」と確信していた。そして彼は連日のように、「フランスは、ウィーン会議において何の利益も求めていない。フランスが望んでいるのは国際正義が実現されることだけだ。正統主義の原則を守ろう、国際法を遵守しよう、ポーランドとザクセンの独立を支持しよう」と説いて回ったのである。

タレーランの言動は、英墺両政府と中小諸国の賛同を得た。その結果、ポーランドとザクセンの領土問題はますますこじれて、英墺・露普の関係は悪化した。「正義の司教」タレーラン外相は、大喜びであった。

「ウィーン会議」の屈辱

この情勢悪化に憤った露皇帝アレクサンドル1世は、カッスルレー英外相に「ロシアはこのポーランド問題で、軍事力を行使するつもりだ」と述べた。メッテルニヒには、「このウィーン会議において諸国が何を決めようとも、ロシアはそれを無視できる実力を持っている」と明言した。そしてタレーランに対しては、「二〇万のロシア兵がすでにポーランドを占領している。貴君の正統主義や国際法に関する高邁なお説教など、何の意味もない。ロシアは国際法や条約など、あっさり無視できるのだ。貴君がポーランドにそれほど同情しているのなら、二〇万のロシア兵を実力で排除してみたらどうだ！」と言い放ったのである。そしてザクセン問題も、悪化するばかりであった。ウィーン会議に出席していたプロイセン外相は12月初旬、本国政府に「もう一度戦争するのが避けられない情勢となってきた。プロイセン軍は戦争の準備を始めてほしい」と通知していた。

英墺と露普の対立は明瞭となり、タレーランはこの状況悪化に小躍りした。彼はルイ

18世に、「領土問題はますますこじれるから、フランス軍に臨戦態勢をとらせてほしい」と連絡し、ルイ18世はその忠告を聞き入れて軍を動員した。鈍感で臆病なルイ18世ですら、「英墺と露普の対立を悪化させれば、フランスは大国としての地位と影響力を回復できる」と理解したのである。その結果、1814年春に英露墺普に大敗北したフランスは、半年後、再び臨戦態勢に入った。若い頃から戦争とナショナリズムを嫌っていたタレーランは、英墺両国に対して「フランスは、英墺と一緒に戦う意志と能力を備えている」と誇示する必要があったのである。

「戦争は避けられない」という悲観ムードがウィーンを包んでいた12月23日、タレーランはカッスルレー英外相と会談した。タレーランは、「こうなったら、思い切った行動をする必要がある。英仏墺の三国で軍事同盟を作るべきだ。そしてこれら三国が、「我々はザクセンの独立を保障する」という公式声明を出すべきだ」と提案した。以前からこの三国同盟の必要性を感じていたカッスルレーはタレーランに賛成し、英仏墺三外相は翌年の1月3日、英仏墺軍事同盟・秘密条約に署名した。「ロシアもしくはプロイセンが英仏墺の何れかを攻撃した場合、これら三国は共に戦う」という内容の条約であった。

数日後、露普両政府はこの秘密条約の存在を知った。露皇帝アレクサンドル1世は英仏墺三国がロシアによるポーランド保護領化を黙認する意向であることを知って、プロイセンを見捨てた。孤立したプロイセン外相は激昂して、「我々のザクセン併合を認めないなら、宣戦布告と見なす！」と英墺の外相を恫喝したが、これは空虚なハッタリでしかなかった。プロイセン一国で英仏墺三国と戦争するのは、自殺行為だからである。

†翌月、英仏墺三政府は、プロイセンがザクセン領土の四割を獲得することを認めた。「ウィーン会議の屈辱」に怒り狂ったプロイセン軍部とナショナリストを宥めるためであった。

リアリズム外交の真髄

英仏墺の「**ウィーン会議で、欧州地域に防御的な勢力均衡システムを構築する**」という目的は、**成功した**。**クリミア戦争や普仏戦争にもかかわらず、ヨーロッパは次の一〇〇年間、大戦争を避けることができた**からである。この会議の運命を決定したカッスルレー、メッテルニヒ、タレーランは三人とも、攻撃的な領土拡大政策を嫌う冷静なコスモポリタン的リアリストであった。リアリズム外交はしばしば、「軍事力を重視するナショナリスティックなタカ派の外交理論」と誤解されている。しかし**真のリアリズム外**

交は、好戦的・攻撃的なものではない。防御的な姿勢で勢力均衡を維持するのが、リアリズム外交の真髄である。コスモポリタン的な知性とリアリズム外交は両立するのである。タレーランやメッテルニヒ、20世紀の戦略家のケナンが、その好例である。

金銭関係と女性関係が乱脈であったタレーランは、不道徳な快楽主義者であった。洗練された快活なサロン知識人であった彼は、冷酷な陰謀家であった。しかしタレーランの忠国心は本物であり、彼は同時代人のロベスピエールやナポレオンやルイ18世よりも真剣に、フランスの国益と将来を考えていたのである。何度も大胆な裏切り行為を繰り返した「変節漢」タレーランは、実に奇妙な大政治家であった。

5章

ドゴール I

20世紀の最も傑出した哲人政治家

敗戦のトラウマ

本書の最後に採り上げる人物は、三回の敗戦によって自信喪失状態であったフランス国民に、「独立国フランスのアイデンティティを忘れるな！」と叱咤激励したシャルル・ドゴール将軍である。

フランスにとって1870年の普仏戦争、第一次世界大戦、第二次世界大戦は、すべて実質的な敗戦であった。二回の世界大戦において英米の参戦がなければ、フランスは隣国ドイツに叩きのめされていたからである。この「三回連続の実質的な大敗」という屈辱は、フランス国民のアイデンティティの深い trauma（精神的な後遺症）となった。統治者としてのドゴールが最も苦労したのは、この trauma から生じたフランス国民の defeatist（敗北主義者的）心理の治癒であった。

日本の護憲左翼、親米（拝米）保守、国粋保守も、1945年の敗戦 trauma から未だに抜け出せない状態である。**筆者が本書を執筆した動機も、「日本人はビスマルク、タレーラン、ドゴールという三賢人の外交思想を理解して、1945年の敗戦 trauma から抜け出してほしい」と願ったからである。敗戦後の日本の外交論壇に存在してきた**

護憲左翼・親米（拝米）保守・国粋保守という三つの言論グループの外交思考は、真のリアリズム外交とは無縁のものであった。本書の読者は、「明治維新以降の日本国内の外交議論は、リアリズム外交（バランス・オブ・パワー外交）の思考パターンから外れたものだった」ということが御理解いただけるはずである。

ドゴールの生い立ちと性格

深い思考力・洞察力と大胆な企画力・行動力を兼備したシャルル・ドゴールは、とても魅力のある人物であった。彼は単に勇敢な軍人であっただけでなく、自分自身でフランスの歴史や国際政治のシナリオを構想する能力を持つ思想家であった。そして彼は、自分の創作したシナリオを実際の国際政治において実現してみせる能力を持つ「**行動する預言者**」だったのである。

しかもドゴールは、文人・批評家・政治思想家としても傑出していた。筆者は、ドゴールの思考力・洞察力の深さは、「リシュリュー、モンテスキュー、シャトーブリアン、トクヴィルのようなフランスの歴史に残る英才に匹敵するものだ」と感じている。そのような深い思想家であり知性人であったドゴールが、ナチスに占領され踏みにじられて

「究極の屈辱」を味わっていたフランスに、突然**「poetic な救国の軍人」**として登場したという歴史のドラマがとても面白いのである。

†ドゴールのことを「poetic な軍人」と呼んだのは、彼の姉である。ドゴールには、機械化されて殺伐とした20世紀の陰惨な戦場よりも、12〜14世紀的な「中世の騎士道物語」に登場したほうがふさわしいような、何となく滑稽で時代錯誤的な魅力がある。
ドゴールが存命中、ドゴールと激しく対立していた故ミッテラン仏大統領（社会党）は、「ドゴールは過去一六〇〇年のフランス史において、シャルルマーニュ大帝に次ぐ偉大なフランスの統治者であったと思う」と語っていた。ミッテランのように常に〝ドゴールの宿敵〟であった左派の政治家ですら、ドゴールの偉大さを認めざるを得なかったのである。

ドゴールが哲学的な視野と古典的教養を備えた「poetic な軍人」となった最大の理由は、彼の恵まれた家庭環境にあった。彼の先祖は、13世紀のフランス北部において騎士階級となった武闘派の下級貴族であった。しかしドゴール家は17世紀（太陽王ルイ14世の時代）になるとパリに移住して、フランス政府の文官（法服貴族）となった。そしてフランス革命によって財産を没収され、政府の公職から追放されたドゴール家は、19世紀末になると、誇り高き貧乏貴族として学者や文人を輩出する知識人家庭となっていた

（ドゴールが生まれたのは1890年である）。ドゴールの祖父は歴史学者、祖母は大量の著作を遺した小説家であり、二人の叔父は英文学者（詩人）と生物学者、父親はパリの名門リセの校長を務めた哲学者・古典学者・文学者であった。

経済的にはミドルクラスであるが精神的・文化的にはリッチな上層階級に所属していたドゴールは、幼少の頃から、ギリシャ・ラテン・英仏独の五ヵ国語で、史書や古典劇や叙事詩を朗読し暗誦する教育を受けて育った。過去二四〇〇年間の西欧文明の最も良質な知的・文化的な遺産を、ドゴールは連日、自宅のディナー・テーブルにおいて両親や親戚の会話から自然に吸収することができる家庭環境で育ったのである。記憶力が抜群であったドゴールは、70歳を過ぎてもラテン語やドイツ語の古典文学を原文で引用して周囲を驚かせていた。彼のこのような知性と教養は、厳格で熱心でしかも温厚な教育者であった父親から彼が相続した「目に見えない（invisible かつ intangible）文化的遺産」であった。

†ドゴールの父親の教え子の多くが、フランスの著名な学者、思想家、法律家、軍人となっている。ドゴールの父親は真に卓越した教育者であった。

「目に見えない文化的遺産」

ドゴール家はフランス革命から一世紀以上経った19世紀末になっても、反革命精神と反世俗主義（anti-secularism）を維持していたエキセントリックな家庭であった（世俗主義〔secularism〕とは、ローマ時代後半期から18世紀まで続いたキリスト教的な世界観と人間観を否定して、功利主義・実証主義・実益主義・プラグマティズム等の〝世俗的な価値判断〟を尊重する思考法である）。浮薄でブルジョワ的な「世紀末潮流」に満ちていた19世紀末期の大都市パリにおいて、18世紀以前のフランス文明の伝統であるorthodoxy（正統主義）とclassicism（古典主義）を頑固に維持していたドゴール家は、明らかにフランス社会の少数派であった。ドゴール自身も死去する直前、「私は常にフランスの少数派であった」と認めている。

ドゴール家にとって「カトリック教会と国家と軍隊に対する忠誠心」は、今さら議論する必要もない「フランス国民の自明の価値規範」であった。彼らの歴史観によれば、12〜18世紀前半のフランスが「世界の知的・文化的な中心」として活躍できたのも、これら三者（教会・国家・軍隊）に対するフランス国民の忠誠心という基盤があってこそ成しえた偉業なのであり、18世紀後半期からフランスの流行思想となった理性崇拝主義、自然主義、ロマン主義、実証主義、社会主義等の「進歩的で開明的な」イデオロギーは、フランスを軽薄化させ堕落させただけなのであった。

†ドゴールは生涯、ありとあらゆる政治経済のイデオロギーに対して、強烈な懐疑心を抱いていた。彼は社会主義や共産主義だけでなく、資本主義、ファシズム、反共主義、テクノクラシー、アメリカニズム等に対しても、懐疑的・批判的であった。真剣なカトリックの思想家であったドゴールは、左翼や右翼のイデオロギーや経済学・社会学・政治学の諸学説などという「人為的な construct（構成概念）」によって、人間と社会を解釈し、構想し、再構築しようとする「神をも畏れぬ僭越な仕業」を、信用していなかったのである。

誇り高く禁欲的な没落貴族であり、しかも愛国派であったドゴール家にとって、18世紀後半期からのフランスは「堕落した文明」そして「没落した祖国」であった。ドゴールの父は普仏戦争に参戦して負傷した元陸軍士官であったし、ドゴールの母も多数の職業軍人を輩出した家系の出身であった。したがって彼の両親にとって、普仏戦争に負け、しかも19世紀後半期の帝国主義競争において大英帝国・ドイツ帝国の後塵を拝してきた祖国フランスの窮状は、歯ぎしりするほどに口惜しい憂国の重大事であった。文才に恵まれ学業成績も優秀であったドゴール少年が父や叔父のように学者・文人となる途を選ばず、陸軍士官学校に進学することを決めたのも、「ドゴール家には、フランスのこれ以上の没落を阻止する義務がある」という〝中世の騎士道物語〟的な使命感と信仰心があったからである。

†ドゴールの内部には常に、ドン・キホーテ的でいささか滑稽な**ヒロイズムと、中世の修道僧のような transcendental**（**超越的**）**で ascetic**（**禁欲的で反世俗的**）**な求道精神の、両方が同居**していた。この〝時代錯誤的で誇大妄想的なヒロイズム〟と〝真摯で峻厳で自己否定的な asceticism（禁欲主義）〟という奇妙なミックスが、筆者には堪らなく魅力的なのである。ナポレオンやムッソリーニやヒトラーや毛沢東には、強烈な〝誇大妄想的ヒロイズム〟はあったが、〝峻厳で自己否定的な asceticism〟など皆無であった。**詩人的・修道僧的な軍人であったドゴール**は、「transcendentalist 的な realist」という明らかに矛盾した性格の人物だったのである。このような矛盾を内包することは、実は重要なことである。人間は transcendentalism だけでは歴史に働きかけることはできないし、realism だけでは、卑賤な現世至上主義や低俗な功利主義に堕ちてしまうからである。

ドゴールは回想録において、「私はフランスが、世界に対して毅然として直立することができる国家であることを示したかった」と述べている。第二次世界大戦中、彼はチャーチルに対して、「フランスはあまりにも貧しくなった。だからこそ我々は卑屈な態度を取ることが出来ないのだ。……私の権力は限られており、しかも私は孤立している。そうであるからこそ私はより高い見地に昇り、そこから下降することを拒否するのだ」と語っていた。**「フランスが貧しいからこそ、卑屈になることを拒否する」、「無力であるからこそ、高い見地を維持する」というのが、ゴーリズム**（**ドゴールの政治思想**）**のエッセンス**であった。英政府のチャーチルとマクミランは、この「痩せ我慢に満ちたドゴールの傲慢な態度」を理解したが、フランクリン・ルーズベルトと米国務省官僚にとって、「無力なドゴールの滑稽な傲慢さ」は蔑視と嘲笑の的でしかなかった。

F・ルーズベルトの祖父は、中国を相手とする阿片貿易によって巨富を築いた成金の麻薬商人であった。無教養で冷酷で打算的なルーズベルトは、気位が高くて教養豊かな古典主義者であるドゴールを、強烈に嫌っていた。功利的なマテリアリスト（物質主義者・拝金主義者）にすぎないルーズベルトや米国務省の官僚にとって、ドゴールの深い知性と文化的プライド、中世騎士道な asceticism は、「気取り屋のフランス人が振り回す、何の役にも立たない空虚なポーズ」にすぎなかったのである。
この第二次世界大戦中のドゴールとアメリカの対立は、ドゴールが死去するまで続いた。これは、過去二〇〇〇年間のヨーロッパの知性と文化の維持を重視する古典的な教養人ドゴールと、洗練された西欧文化に無関心であり、実利主義的な態度で目先の利益を追求するアメリカ人との対立であった。この対立は本質的に「文明の衝突」であり、20世紀の後半期になっても解決されない深淵な人間観・世界観の対立であった。

†ちなみに敗戦後の日本の親米保守と護憲左翼は、「我々は貧しいから、マテリアリスティックなアメリカ文明の真似をする」、「日本は無力だから、アメリカ帝国の保護にしがみついて生き延びる」という国策を選択してきた。日本の自民党・財務省・外務省・自衛隊、そして左翼と保守の言論人たちは、ゴーリズムとは正反対の生き方を選んだのである。

「救国の英雄」に大変身

ドゴールは「傲岸で謙虚」、「詩人的でリアリスト的」な人物であった。彼は15歳の頃から、「自分はいずれ、祖国フランスの救国者となる運命にあるのだ」という過剰な自負心と使命感を抱くようになり、そのために着々と外交史、軍事史、政治思想史、哲学史、国際政治学等の勉強を積み重ねていた。学究的な職業軍人であった彼は、人嫌い・社交嫌いであり、本当に親しい友人を一人も持たず、いつも孤高を守り続けた礼儀正しくて超然とした軍人であった。

そのドゴールが50歳の時（1940年の春）、フランス軍が（無様にも、あっという間に）ドイツに屈服して、ヴィシーに対独協力の傀儡《かいらい》政権を設立すると、単身イギリスに脱出して、「フランスは屈服していない！　我々は絶対に屈服しない！　フランスは戦い続ける！　そしてフランスは勝利する！」と叫んで、「救国の将軍」の役割を演じる大芝居を打ち始めたのである。普段は非社交的で禁欲的で、まるで中世の修道僧のような生活を送り、軍の内部でも孤立することの多かった学究的な戦略家が、突然、「祖国の勝利を確信する、情熱的な救国の英雄」に大変身したのである。

実はドゴールは小学生の頃から、詩作と観劇が大好きな文学少年であった。彼は学生時代、コルネイユやシャトーブリアンに心酔し、演劇部に所属してアマチュア俳優や劇作家の真似事をしていた。演劇好きであった彼の青年時代のことを考えれば、軍隊内で「社交嫌いの気難しい理論家」という評判であったドゴールが、突然、コルネイユの悲愴な古典劇に登場するような「祖国存亡の危機に、たった一人で立ち向かう歴史的な英雄」という役割を演じ始めたのも、理解できないことではない。

†YouTubeで多数配信されているドゴールの演説や記者会見を観ると、彼の喋り方の巧みさに圧倒される。最近のサルコジやオランドやマクロンのように凡庸極まりないフランス大統領とは、まったく質の違う抜群の説得力である。子どもの頃から演劇好きであったドゴールは、明らかに「知的確信に満ちた談話のパフォーマンス」に習熟していた。

それにしてもドゴールという人は、矛盾に満ちた奇人（そして貴人）であった。彼は冷たい知性と激しい情熱、謙虚さと傲慢、燃えるような愛国心と冷酷な意志力、厚顔不遜なエゴイズムと厳しい自己否定の戒律に満ちた人物であった。ドゴールは１９４４～４５年と１９５８～６８年の約一一年間、フランスで最強の政治権力を握った。**普仏戦争（１８７０年）以降のフランスにおいて、最も権限が集中した統治を実行したのがドゴールである。**しかしドゴールの統治には、「権力の濫用」や「権力の腐敗」という現象がまったく見られなかった。国家最大の権力を握ったにもかかわらず、ドゴール家の経済状態は質素なミドルクラスのままであった。ドゴールとは、「自分自身のエゴイズムを克服することに成功した、冷徹で傍若無人なエゴイスト」だったのである。

若い頃のドゴールは、ニーチェの思想から大きな影響を受けていた。それにもかかわらず彼は、ニーチェに強烈に反撥していた。もしかしたらドゴールは、「ニーチェ的なエゴイズムを峻拒するキリスト教的な超人主義」を目指していたのかもしれない。性格的な矛盾に満ちた「傲岸なる謙虚」「孤高で孤独な同胞愛」「冷徹で熱烈な愛国心」を実践してみせたのが、〝稀代の名優シャルル・ドゴール〟なのであった。

ドゴールの国際政治思想

以下に、ドゴールの国際政治思想を解説したい。彼の国際政治思想は、次の六項目に分けることができる。

①国際政治の無政府性とバランス・オブ・パワー外交の必要性
②各国の国内体制やイデオロギーに対する無関心
③nation-state（国民国家）の役割の重視と国際組織に対する不信
④**アメリカの覇権戦略に対する懐疑と不信**
⑤**自国の独立を守ることの精神的・道徳的な重要性**

⑥国際政治を多極化することの必要性

これら六項目のうち①〜③は、国際政治学のリアリズム学派の標準的な考え方である。リアリズム外交に関するまともな解説書には、これらの三項目が必ず解説されてある。しかし④〜⑥**は、ドゴールの外交思想に独特のものであった。ドゴールほど熱意を持って、**④〜⑥**の重要性を力説し続けた人はいなかった。**ドゴール外交の卓越性も、この④〜⑥にあった。以下の解説では①〜③の説明は簡潔なものに留め、④〜⑥に重点を置きたい。

①国際政治の無政府性とバランス・オブ・パワー外交の必要性

13世紀から北部フランスの騎士階級となり、18世紀になるとパリで法務官僚を務めていたドゴール家にとって、「国際政治の無政府性」や「バランス・オブ・パワーを維持することの重要性」というリアリズム外交の議論は、国際政治学者からわざわざ指摘される必要もない「自明の理屈」であった。8世紀から19世紀までの北部フランスとは、ゲルマン系の諸部族、北欧人、ヴァイキング、イギリス人、スペイン人、ドイツ人によって何十回も侵略され、占領された地域である。この地域において騎士階級となり、英仏百年戦争、欧州三十年戦争、九年戦争、スペイン継承戦争、オーストリア継承戦争、ナポレオン戦争、普仏戦争等、数多くの戦争を経験してきたドゴール家にとって、「**国際政治の本質はアナーキーだ**」という教訓は、当たり前のことであった。ドゴール自身、何度も繰り返して「国際政治も人生も、絶え間なき闘いである。この〝絶え間なき競争と闘争〟という国際政治の現実から、我々は逃げることができない」と語っていた。

ドゴールにとって第一次世界大戦後の国際連盟、そして第二次世界大戦後の国際連合、冷戦期の二極構造、NATO・GATT・IMF・欧州共同体等の国際組織は、この「国際政治の本質的な無政府性」という根本的な性格を変えるものではなかった。過去三〇〇〇年間の国際社会には、真の強制執行力を持つ「世界政府」「世界立法院」「世界裁判所」「世界警察軍」は一度も存在しなかったのである。ドゴールは、国際政治の本質的な安定性や法治性（合法性）に関してペシミストであった。彼は、「**人間も国家も虚栄心と恐怖心、そして animus dominandi**（アニムス・ドミナンディ：**他者・他国を支配しようとする本能的な欲望）によって動かされている**」と観察していた。このように悲劇的な性格を持つ不安定で無政府的な国際政治に対する（ある程度、効果的な）**対症療**

法は、「バランス・オブ・パワー（勢力均衡）の状態を維持する」ことだけであった。

②各国の国内体制やイデオロギーに対する無関心

17世紀の辣腕宰相リシュリュー以降のフランスの統治階層にとって、国家とは raison d'état（国家理性、すなわち国益の増強）を実現するための組織であった。この国益の増強という「理性」は、「諸国間の宗教・文明観・価値規範・政治イデオロギー等の違いによって、左右されるべきものではない」と考えられていた。カトリック教会の高僧（枢機卿）であったリシュリューが、欧州三十年戦争においてプロテスタント諸国を軍事的・経済的に支援して、カトリック陣営のハプスブルク帝国を封じ込めようとしたのは、その好例である。フランス宰相のリシュリュー枢機卿にとって、宗教の教義の差異よりも「欧州地域のバランス・オブ・パワー維持」のほうが、はるかに大切な「国家理性」なのであった。17～19世紀のフランスが、しばしばオスマン・トルコ帝国（イスラム教の帝国）と協力して、英独墺露等のキリスト教国の拡張主義を牽制しようとしたのも、同様の「国家理性の外交」であった。

ドゴールも、このような「国家理性」を受け入れていた。彼は西ドイツのアデナウアー首相との最初の会談の席で、「我々は、アメリカの感情的な反ロシアのプロパガンダに惑わされるべきではない。ロシアという国は、国際政治のバランス・オブ・パワーを維持するために、いつか必ず役に立つ国なのだから」と述べていた。ドゴールは、米政府のヒステリカルな反共主義（そして反露主義）を、まったく相手にしていなかったのである。

彼が１９６４年、米政府の反対をあっさり無視して中国と国交回復したのも、同様の理由によるものであった。ドゴールは、「アメリカにアジア・太平洋地域を独占的に支配させるよりは、中国を支援して米政府の覇権主義と拡張主義をカウンター・バランスさせたほうが良い」と判断していたのである。彼の外交は、リシュリュー枢機卿と同様に「**宗教や文明観や政治イデオロギーの違いに影響されない**」**リアリズム的な国家理性外交**なのであった。

③nation-state（国民国家）の役割の重視と国際組織に対する不信

ドゴールにとって、国際政治の最も基本的な行動主体は常にnation-state（国民国家）であり、国際組織や集団的安全保障機構や同盟関係ではなかった。彼は「nation-state

だけが、歴史的にも道徳的にも最大の価値と永続性を持つ」と考えていた。これに対して**国際組織や集団的安全保障機構や同盟関係は、歴史的に短い期間の利害関係を形式化したものにすぎず、**「**国際政治の条件が変われば、あっさり有効性を失うもの**」でしかなかった。ドゴールが、国連やＮＡＴＯや米ソが提唱した核不拡散条約や軍縮協定に対して懐疑的だったのは、この理由による。ドゴールは第一次世界大戦後、自主防衛努力を怠って国際連盟や英仏協調政策や不戦条約に頼ろうとしたフランス政府が、隣国ドイツの再軍備と侵略に対してまったく無力であったことを痛烈に批判していた。したがって国家にとって最大の義務は、サバイバル（自国の生き残り）である。ドゴールにとって（そしてモーゲンソー、ケナン、キッシンジャー等のリアリストにとって）、**この最も重要な義務を果たせるのはnation-state だけ**であった。国連安保理や集団的安全保障体制や同盟国が、nation-stateに代わってこの最重要義務を果たしてくれるはずがないのである。

†ドゴールが、アメリカの占領政策にあっさり服従して、同盟国（＝宗主国）アメリカに依存することしか考えられなくなった敗戦後の日本外交を軽蔑していたのは、このためであ

った。日本の外務省・自衛隊・自民党・保守と左翼のマスコミ等は、「国際政治の最も基本的な行動主体は nation-state であり、国際組織や同盟関係ではない。日本国のサバイバルを最終的に保障できるのは、日本という nation-state だけである」という基礎的な認識すら失っている。

④アメリカの覇権戦略に対する懐疑と不信

ドゴールは若い頃から、アメリカの外交政策と軍事政策を信用していなかった。1898年の米西戦争（露骨な帝国主義・拡張主義の戦争）以降、米政府が公的な場で提唱してきた理想主義的な外交理念と、米政府が実際に実行してきた覇権主義的な外交政策の間には、常に大きなギャップ（偽善とダブル・スタンダード）があったからである。ドゴール外交に関して数多くの論文があるハーバード大学の国際政治学者、スタンレー・ホフマンによると、ドゴールはアメリカ外交を以下のように批判していた。

アメリカは執念深い覇権主義国であり、常に自国の勢力圏と支配力を増大させようと行動してきた。しかし米政府はこの animus dominandi（獰猛な支配欲）に満ちた覇権主義的な外交政策を、「利他的な普遍主義」や「救世主気取りの理想主義」、そして「アメリカ外交の例外的に優越した道徳性」という美しいレトリックによって飾り立てて、その実態をカバー・アップしてきた。アメリカ人は自国の権益を増大させるために、功利的で打算的なパワー・ポリティクスを実行してきた。しかし諸外国がアメリカの覇権主義の実態を指摘して批判すると、アメリカ人は激昂して反撃してくる。

アメリカ人は、自分たちのナショナリズムを認めようとしない。しかし他国民のナショナリズムに対しては、傲慢な態度で、「お前たちのナショナリズムは、時代錯誤であり不道徳である」とか「お前たちは僭越だ」とか説教してくる。しかし米政府の提唱する「同盟関係の深化」や「同盟諸国の団結」とは、米政府が同盟諸国の手を縛り、同盟国が独立した外交を実行できないように仕組むアメリカ中心の支配体制を正当化するレトリックにすぎないのだ。

†スタンレー・ホフマンは、ウィーンで生まれてフランスで教育を受けた教養人である。彼の米欧関係の分析には、アメリカの一般の国際政治学者よりも深い文化的・思想的な洞察

がある。筆者は若い頃、ホフマンのヨーロッパ外交分析を読んで大きな影響を受けた。

トルーマン政権のアチソン国務長官は、ドゴールのことを「時代遅れのナショナリストだ！」と厳しく糾弾した。〝アメリカは世界中を支配する権利がある〟と思い込んでいるアチソンやダレスのようなアメリカの国務長官にとって、ドゴールのように自国の独立回復を目論む〝身の程知らずのフランス人〟は、「時代錯誤の、僭越なナショナリスト」なのであった。

⑤自国の独立を守ることの精神的・道徳的な重要性

ドゴールにとってフランスの「nation-stateとしての独立性を回復する仕事」は、単なる目先の国益確保のことではなかった。ドゴールにとって「自国の独立」とは、目に見える経済的・外交的な利益を確保することだけでなく、それよりもはるかに重要な自国の「インテグリティ、レジティマシー、責任感の回復」のための大仕事だったのである（インテグリティとは、堅固な廉潔と一貫性のこと。レジティマシーとは、正当性と正統性のこと）。

ドゴールにとってフランスという国家の最も重要な要素は、目に見える経済力や軍事力や政治力ではなかった。目に見えない（つまり計測できない、数量化できない）**「インテグリティとレジティマシーと責任感」という精神的・道徳的な価値こそが、国家にとって最も重要な要素だった**のである。

ドゴールが反独闘争を始めた1940年から大統領を辞任した1969年までの約三〇年間、ドゴールにとって国内の最大の敵は「コラボレーショニスト」（フランス語ではcollaborateur）と呼ばれたフランス人であった。勿論、フランスの社会主義者、共産主義者、左翼の言論人・文化人、右翼の民族主義者（特に植民地アルジェリアからの撤退に強硬に反対した右翼と軍部）も、ドゴールの政敵であった。しかし**ゴーリズムと呼ばれたドゴール独自の国家思想と外交思想に最も執拗に抵抗したのは、左翼や右翼の活動家ではなく、保守派**（**体制派**）**内部のコラボレーショニストだった**のである。

†コラボレーショニストとは、自国を占領した外国の軍隊の統治行為にせっせと協力して、自分たちの利益と安全を確保しようとする人のこと。

ドゴールの1940〜44年の反独闘争に対して最も長期間恨みを抱き続けたのは、

ヴィシーに樹立された親独コラボレーショニスト政権（親ナチスの傀儡政権）に参加した体制派のフランスの政治家・官僚・軍人であった。そして1945年以降のドゴールの内政と外交に最も執拗に抵抗し続けたのも、アメリカによるヨーロッパ支配に拍手喝采したフランスの親米コラボレーショニスト勢力（フランスの拝米保守派）だったのである。「弱い立場（第二次世界大戦で実質的に負けた立場）に置かれたフランスは、戦勝した強国に依存して自国の生存と利益を確保すれば良い」と考えた親ナチ派や親米派のコラボレーショニストにとって、「軍事強国のドイツやアメリカに対して、むきになって抵抗し続けた気難しいナショナリスト、ドゴール」は、非常に目障りで不快な存在であった。

しかし、第二次世界大戦中の親独コラボレーショニズムと大戦後の親米コラボレーショニズムの双方に激しく抵抗したドゴールには、彼なりの政治哲学があったのである。ドゴールは、「コラボレーショニズムを長期間続けると、国家と民族のインテグリティ、レジティマシー、責任感を喪失してしまう」と確信していたのである。

コラボレーショニズムとは、自国の軍事政策・外交政策・経済政策の最も基本的な部分を、「我々を保護し、指導してくれる覇権国に決めてもらう」体制である。強国ドイツや強国アメリカが、「フランスが実行すべき軍事政策、外交政策、通商政策、金融政策は、あれだ、これだ」と一方的に通告してくると、その命令に従って国家を運営していくのがコラボレーショニズムである。1932年以降の「名目的に独立した満洲国」や、**1952年以降の「名目的な独立を回復した日本国」は、コラボレーショニスト国家の典型**である。そしてドゴールは、「コラボレーショニスト国家には、nation-stateとしてのインテグリティとレジティマシーがない。**コラボレーショニズムを長期間続けていると、その国の国民は〝自国の運命を自分で決める〟という責任感を失ってしまう**」と考えていたのである。

トルーマン政権からケネディ政権までのアメリカの対仏政策のエッセンスは、「米軍をフランスに長期間駐留させる。フランスが独自の軍事政策と外交政策を実行できないようにする。たとえソ連が核ミサイルを大量生産しても、フランスが自主的な核抑止力を持つのを許さない」というものであった。誇り高き愛国者ドゴール（マテリアリスト帝国アメリカに対して、知的・文化的な優越感を抱いていたドゴール）は、このようなアメリカの対仏支配政策に猛然と反撥した。彼はケネディ大統領に対して、「自国の防衛義務を自分たちで果たさないような国家には、偽物の皮相なレジティマシーしかない。他国の政府に自国の安全保障政策の根幹を決めさせるような国は、長期間存続することができない」と反論したのである。極めて正当な反論であった。

キッシンジャーは、彼の学界デビュー著作“A World Restored”（1957年）において、**「コラボレーショニズムを続ける国は、国家としてのレジティマシーを持たなくなる。そのような国の国民は、志気と責任感を喪失していく」**と指摘した。ドゴールも、**「コラボレーショニスト体制を続けていると、国家の意思決定能力が麻痺してしまう。そのような国家は、知的・精神的な不毛国家となる」**と述べていた。**キッシンジャーとドゴールの指摘は、敗戦後の日本そのものである。**

⑥国際政治を多極化することの必要性

ドゴールは第二次世界大戦の最中から、「国際政治を多極化させる必要性」を明瞭に認識していた。彼は祖国フランスを救うためにナチス・ドイツと必死で闘いながら、その苛烈な反独戦争の真っ最中に、「どうしたら米国・ソ連という新興勢力をヨーロッパから排除して、フランスの真の独立を回復できるだろうか？　どうしたら国際政治構造をもう一度、12～19世紀のような多極構造に戻せるだろうか？」と考えていたのである。

同じ時期、T・S・エリオットやハイデガー、そしてクローデル、デュアメル、モンテルランといった知的レベルの高いフランスの文学者たちも、「米ソという非文化的なマテリアリスト帝国を、ヨーロッパから排除すべきである。我々は質の高いヨーロッパ文明を、質の低い二つの新興帝国から守らねばならぬ」と考えていた。彼らにとって**国際政治の多極化とは、文化的・精神的な観点からも重要なことであった。**

ドゴールの外交思想で最も驚くべき点は、彼の構想力の明晰さと論理性、そして知的な大胆さである。ドゴールが実際の国際政治に参加したのは1940年から69年までの期間であったが、当時から彼は、「米ソ両大国による二極構造は長続きしない」、「他国の文化が理解できないアメリカの覇権主義は、いずれ失敗するだろう」、「国際構造の多極化は不可避であり必然である」と何度も繰り返し予告していた。

このような予告は、単なる皮相な思いつきや、新興の米ソ両帝国に対する好き嫌いの感情から出た予告ではなかった。ドゴールには、明瞭に定義された歴史観・文明観・国際政治観があったのである。若い頃からしばしば軍の内部で孤立し、気難しい態度で勉強ばかりしていた戦略家ドゴールには、真剣に考え抜かれた国際政治思想と大局観があった。

例えばドゴールは1960年代の初期から、「西側諸国がソ連とデタント（緊張緩和）することの必要性」、「中国と国交回復することの必要性」、そして「不毛なベトナム戦争から米軍が撤退する必要性」を唱えていた。当然のことながらアメリカのケネディ・ジョンソン両政権の閣僚と国務省・CIAの官僚たちは、このようなドゴールの外交提案に猛反撥した。無学・無教養で騒々しい米マスコミ人たちも、「高慢な反米主義者ドゴール」に非難と嘲笑を浴びせた。しかし1970年代になるとニクソン大統領とキッシンジャー国務長官は、これらのドゴールの外交政策提案をすべて実行に移したのである！

†ドゴールは1970年に死去した。残念なことに彼は、ニクソンとキッシンジャーが自分の外交提案をそっくりそのまま実行するのを見ることができなかった。

ドゴールの国際政治分析の最大の特徴は、**「過去二五〇〇年間の国際政治史から見ると、国際構造が一極化したり二極化したりするのは不自然な現象である。しかもそのような寡占的な構造は不道徳である。不自然で不道徳な一極構造や二極構造は長続きしない。国際構造は必ず多極化していく」**というスケールの大きな歴史観であった。ドゴールはこの大局的な判断を、一度も変えなかった。
1950年代と60年代、米ソ二極体制が崩れる兆候などまったく見られなかった時期に、ドゴールは達観した態度で**「たとえ私の生きている間に二極構造が終焉しないとしても、現在のような不自然な構造はいずれ必ず崩壊する。世界は多極化していくのだ」**と述べていた。知的自信(知的傲慢?)に満ちていたドゴールは、〝アメリカ人の国際政治判断よりも、自分の判断のほうが優れている〟と確信していたのである。

†キッシンジャーの回想によると、彼が会談した世界の数百人の著名な政治指導者の中で、「国際政治は必ず多極化する。二極構造は長続きしない」と本気で確信していたのは、ドゴールと毛沢東だけであったという。キッシンジャーは、「私が対談していて「この人は歴史的な巨人だ!」という威圧感と畏怖を感じたのは、ドゴールと毛沢東の二人だけだった」と述べている。

ドゴールの戦略の最重要事項

ドゴールが実行した⑥「国際政治の多極化戦略」のうち、最も重要なポイントは以下の(A)~(E)の五項目であった。

(A)**アメリカの覇権主義外交を牽制し、拘束すること**。国際政治学者のスタンレー・ホフマンやウォルター・ラフィーバーによれば、ドゴールは1960年代のケネディ・ジョンソン両政権の軍事政策と外交政策を、「未熟で傲慢、そして一方的だ。大国としての責任感に欠けている」と批判していた。

特に軽率で傲慢なケネディ大統領の一方的な外交政策は、ドゴールに「現在のフランスの自治と独立にとって真に危険な国は、ソ連ではなくアメリカである」と確信させる理由となった（当時の国際政治にとって全く不必要であった「ベトナム戦争介入」や「キューバ・ミサイル危機」を惹き起こしたのは、米マスコミ人が〝若くてハンサムな英雄〟と持てはやしていた未熟で浅慮なケネディ大統領であった）。

したがってドゴールにとってアメリカの「傲慢浅慮な覇権主義」を拘束するための国際構造多極化戦略は、「国際関係を安定させるために必要な措置」なのであった。

(B)アメリカの政治家と言論人が中ソ両国の共産主義に対してヒステリカルな批判を繰り返していた時、ドゴール大統領は「西側諸国は、ロシアや中国とデタントすべきである」と主張していた。ドゴールのように伝統的なバランス・オブ・パワー外交を実行する戦略家にとっては、**中ソの政治イデオロギーよりも「国際社会の勢力均衡維持」の方が、重要なのであった。しかも彼にとって中ソは、アメリカの帝国主義をカウンター・バランスするのに役立つ国であった。**

17〜19世紀のフランスは、「先進国」英墺独の帝国主義をカウンター・バランスする道具として、何度も「野蛮な後進国」ロシアとトルコを利用していた。ドゴールが中国とソ連の国内体制に無関心な態度で、「国際構造を多極化し、アメリカの覇権主義を拘束するために、我々は中ソ両国を利用すべきだ」と考えたのも同様の理由によるものであった。

(C)米ソによる二極支配体制を解体してヨーロッパの自由と独立を回復するためには、ヨーロッパの経済力と軍事力を団結させて「**西欧を独立した国際政治の極とする**」**必要**があった。この「国際政治に第三極を創る」目的のため、ドゴールは仏独協力の深化と（米政府の支配下にあるNATOとは別組織の）ヨーロッパ独自の軍事体制を確立する必要性を提唱した。

しかし残念ながら、このドゴールによる「ヨーロッパ独立プラン」は失敗した。米政府が、仏独関係を離反させる露骨な内政干渉を実行したからである。国務省とCIAは、仏独関係の強化に反対する親米派のルートヴィヒ・エアハルト経済大臣のドイツ首相就任を応援し、ドゴール外交に好意的でケネディ大統領を軽蔑していたコンラート・アデナウアー首相の退陣を早める政治工作を行ったのである。

†ちなみに米政府は、日本の政界・官界・マスコミに対しても同様の内政干渉を実行してきた。米政府は21世紀になっても、以前の敵国であったドイツと日本を真の独立国にしたくないのである。ドイツと日本が自主防衛能力を持つ真の独立国になると、米政府はヨーロッパと東アジアにおける覇権を失うからである。

(D)国際構造の多極化を目指したドゴールは、「米ソ両国による核兵器の独占体制」に激しく反撥した。政治イデオロギーにおける米ソ間の騒々しい非難合戦にもかかわらず、米ソ両国にとって「二つの軍事大国だけが核兵器を独占的に所有する体制」は、自国の覇権利益にかなうものであった。**米ソは、「同盟国が核を持てない状態」**（＝**同盟諸国が自立できない状態**）**を維持したかった**のである。

アメリカの同盟国（例えばフランスや日本）を永遠に自主的な核抑止力を持てない状態に留めておけば、米政府は「敵性国の核ミサイルが怖かったら、お前たちはアメリカの言うことを聞け！」と、何時《いつ》でも同盟国を脅しつけることができる（中朝露三ヵ国の核ミサイルに包囲されている非核保有国・日本は、外交交渉や経済交渉において米政府に恫喝されると、あっという間に屈服してしまう。それが現在の日本の実態である）。

ドゴール大統領は、このようなアメリカのシニカルで狡猾な同盟国支配政策に激しく反撥した。彼は米ソ両国の提唱した「核不拡散条約」と「核実験停止条約」を、「これは米ソによる核独占の企みにすぎない！」と喝破して、交渉参加を拒否した。そしてNATO軍（米軍）をフランス国内の軍事基地から追放して、フランス独自の核抑止力を構築したのである。**ドゴールは「国際政治を多極化し、フランスの自由と独立を回復するためには、フランス独自の核抑止力が絶対に必要だ」と確信していた。**

(E)**ドゴールにとっては、「多極化した国際構造だけが、世界各国の独自の文化と価値規範を維持することを可能にする国際システム」であった。**彼は、一極構造や二極構造は、「超大国以外の国を精神的に抑圧し、麻痺させる体制である。諸国民の自律的な意思決定能力を枯渇させる体制である」と言明していた。

ドゴールは米ソ両国の他国に対する内政干渉と軍事介入を厳しく批判し、しばしばアジア・アフリカ・中南米諸国の中立主義・不干渉主義運動のスポークスマンであるかのような言動をしていた。これも、「多極化した国際構造だけが、世界諸国の独自の文化と価値観の維持を可能にするシステムだ」という彼の哲学的な確信に基づいた言動であった。ドゴール政権時にはフランス外務省も公式の声明において、「現在のような二極構造は、世界諸国の自由と平等と友誼を阻害する構造である。世界は、このような二極構造とは違った秩序、違った勢力均衡のシステムを必要としている」と明言していた。

戦略家としてのドゴールは、多極構造における（米ソ両帝国の覇権主義から解放された）バランス・オブ・パワー外交の復活を望み、古典主義的な**教養人としてのドゴールは、低俗なハリウッド映画やニューヨーク金融業者の拝金主義から解放された「ヨーロッパ文明の防衛」を望んでいた**のである。彼にとって国際構造の多極化は、単に軍事的・外交的な視点から必要であっただけではなかった。彼は「過去二〇〇〇年間の**フランス文明とヨーロッパ文化を、アメリカの拝金主義から護る」という観点から**

も、**多極化した国際社会を必要としていた**のである。

これらの六項目（①国際政治の無政府性とバランス・オブ・パワー外交の必要性、②各国の国内体制やイデオロギーに対する無関心、③nation-state（国民国家）の役割の重視と国際組織に対する不信、④アメリカの覇権戦略に対する懐疑と不信、⑤自国の独立を守ることの精神的・道徳的な重要性、⑥国際政治を多極化することの必要性）が、ドゴールの外交思想の基本的な構造であった。

これら六項目は現在の日本の外交政策と国防政策にとっても、死活的に重要なことである。残念ながら敗戦後の日本には、国際政治の本質についてドゴールのように深く考え抜いた政治家や思想家はいなかった。我々日本人が、哲人政治家ドゴールから学べることは多い。

6章

ドゴール Ⅱ

ドゴールの核戦略理論

ドゴールの核戦略理論の解説

優れた戦略家であったドゴールは、米政府が同盟諸国に対して〝親切に提供〟してくれるという「アメリカの核の傘の保証」を信用しなかった。アメリカの大統領が、中露による核攻撃や核恫喝（「我々の言うことを聞かないと、核攻撃するぞ」という恫喝）から同盟国を守るために、敵対する核武装国と核戦争する、という軍事シナリオに信憑性がないからである。

ドゴールはアイゼンハワー大統領と会談した時、「核抑止力というものは、核攻撃しようとする国が、「我々が敵国に対して核ミサイルを使えば、我々自身も必ず核兵器による反撃を被る」と確信している場合にのみ、機能するものだ。しかるに、いかなる核保有国も自国自身が核攻撃を受けた場合にのみ、自国の核ミサイルを使う決断をする。**「同盟国を保護するために、我々自身も核戦争に巻き込まれよう」などと考えるお人好しな国は存在しない**」と述べて、アメリカが同盟国に提供していると主張する「核の傘の保証」の信憑性を否定したのである。

†アメリカが同盟諸国に対する「核の傘の保証」を実行するためにロシアや中国と核戦争すれば、三〇分以内に六〇〇〇万～一億以上の米国民が核焼滅してしまう。マクナマラ国防長官やターナーCIA長官が指摘したように、そのような愚劣な核戦争を実行する米大統領など存在しない。**マクナマラ長官とマクジョージ・バンディ国家安全保障政策補佐官は、「アメリカの大統領は、「たった一発の核弾頭が、アメリカのどこかの大都市に撃ち込まれるかもしれない」と考えるだけで、核戦争から逃げ出してしまう」と述べている。**戦略学者、ケネス・ウォルツが指摘したように、「核の傘の保証」とは、米政府が同盟国の核保有を阻止するための外交トリックにすぎないのである。

1963年のスピーチにおいてもドゴールは、「ヨーロッパの同盟国を守るために、米政府が自国の核兵器を使用する保証など何処にもない。ヨーロッパにおける軍事紛争において、「アメリカの核兵器による抑止力が有効に機能する」のかどうか、実は誰も知らないのだ」と指摘している。ドゴール政権の首相を務め、後に仏大統領となったジョルジュ・ポンピドゥも1966年、「フランスに対する核攻撃を阻止するための唯一確実な手段は、敵性国に「フランスを核攻撃したら、我々も必ず核報復される」と確信させることだ。敵性国にこのように確信させるためには、フランス自身が核保有するしかない」と述べて、「アメリカによる核の傘の保証」の信頼性を否定した。ドゴールもポンピドゥも、「核の傘の保証は、米政府が同盟国の核保有を阻止するためのトリックだ」と見抜いていたのである。

ケネディ大統領の核戦略トリック

1961年以降、ケネディ政権は前アイゼンハワー政権の「核兵器による大量報復戦略」を否定して、「柔軟対応戦略」を提唱し始めた。この「柔軟に対応する」という聞こえの良い戦略案の真の意味は、「ソ連軍がヨーロッパを攻撃しても、米政府は核兵器の使用を極力避ける（つまり「核兵器による大量報復」を実行しない）。したがってヨーロッパ諸国は、自国の通常戦力を強化すべきである。ソ連に対するアメリカの「核報復」に、ヨーロッパ諸国は依存してはならない」というものであった。ケネディ大統領やマクナマラ国防長官の本音は、「アメリカはソ連と核戦争したくない。しかし我々は、ヨーロッパ諸国が低コストの自前の核兵器を所有することを許さない。ヨーロッパ諸国は核保有する代わりに、アメリカの軍事産業から高額の通常兵器を大量購入しろ」というものであった。

†核兵器は通常兵器よりもはるかに安価であり、しかもはるかに効果的な戦争抑止力である。しかし米政府は当時も現在も、アメリカの同盟諸国が低コストで高い効力を持つ自主的な核抑止力を保有することを阻止したいのである。

言うまでもなくドゴールは、このような利己的で狡猾なケネディ政権の「柔軟対応」戦略に猛反撥した。フランスは、自国の核兵器開発を中核とする自主防衛政策を加速化させた。

この対応を見たケネディは突然、ドゴールに対して〝友好的でチャーミング〟な提案を始めた。その提案とは、「フランスが独自の核兵器を持つ必要はありません。親切心に満ちたアメリカ政府が、我々の核兵器を提供してあげます。アメリカとフランスが「ニュークリア・シェアリング」して、核兵器を共同運営しましょう。西欧圏に新たに「多国籍核戦略軍」というものを創設して、米仏で一緒にこの核戦略軍を運用しましょう」という〝善意と好意〟に満ちた呼びかけであった。

1962年のナッソーにおける米仏首脳会談でこの提案を聞いたドゴールは、「この案は罠だ！　フランスの独立と自主防衛を阻止しようとするアメリカの罠だ！」と見破って、即座にケネディの提案を蹴った。米政府が親切に提供してくれるという「ニュークリア・シェアリング」や「多国籍核戦略軍」というプランの実態は、米政府が核兵器使用の決定権を独占的に握り続けるものだったからである。この提案に「シェアリング」とか「多国籍軍」などという聞こえの良い名称がついていても、その実態は「**米政府がフランスを、自主防衛力を持てない状態に留めておく**」という狡猾な同盟国支配政策にすぎなかった。米政府の本音は、「我々は、ヨーロッパにおける軍事紛争でソ連と核戦争するつもりはない。それにもかかわらずアメリカは、ヨーロッパ諸国が自主的な核抑止力を備えた独立国となる事態を阻止する。**我々は同盟国の対米依存性を深化させていき、それによって同盟国に対する支配力を維持する**」というものであった。

†米政府のこのような同盟国操縦政策は、現在も続いている。現在の米政府は、「中朝露三国の核ミサイルのターゲットとなっている日本にだけは、自主的な核抑止力を持たせない」という対日政策を実行している。そしてこの事態に「柔軟に対応」するために、「日本は、米軍事産業から高価なミサイル防衛システムを購入しろ」と要求している。米政府は、中朝露三国がすでに米国製の高価なミサイル防衛システムを無効にする新型の核ミサイルを開発していることを知りながら、核戦略理論に疎《うと》い日本国民に超高額な米国製兵器

を強制購入させているのである。

「核兵器による非対称的な抑止力」

ドゴールにとって、自主的な核抑止力を保有するか否かという問題は、米政府が同盟国に対して「保証する」と称している「核の傘」が本物か偽物か、という単なる軍事的なレベルの議論を超えた問題であった。フランスが自主核を保有するか否かという問題は、「米ソ二大国以外の国が核保有すると、国際政治の構造はどのように変化するか」という国際構造分析の問題でもあった。

通常戦力（戦車や大砲、駆逐艦や空母、戦闘機や爆撃機）と違って、**核兵器は「沢山持てば、自国の立場が有利になる」という単純な性格の兵器ではない**。原爆は一発で数十万人を殺害することができるし、水爆は一発で数百万人を殺害できる。核兵器の破壊力がこのように巨大であるが故に、**どの国も少数の核弾頭を所有するだけで、国際政治のパワー・バランスに顕著な変化を惹き起こすことができる**のである。

領土と人口が小さい北朝鮮やイスラエルのような（何度も非武装の民間人に対する戦争犯罪行為を繰り返してきた）「ならず者国家」でも、地下のトンネル網に隠しておく移動式のＩＣＢＭ（陸上から発射する大陸間弾道ミサイル）や潜水艦に配置するＳＬＢＭ（海中から発射する弾道ミサイル）に一〇〇発程度の核弾頭を搭載しておくだけで、現在、五〇〇〇～一万発レベルの核弾頭を所有している米露両国からの先制軍事攻撃を抑止することができる。これが「**核兵器による非対称的な抑止力**」（Asymmetrical Nuclear Deterrence）と呼ばれる現象である。

†大量の核兵器を所有する米露は、（先制攻撃に対する報復として）自国の幾つかの大都市を数発の核弾頭で破壊される可能性を想像するだけで、少量の核弾頭しか所有していない核小国に対して戦争を仕掛けることを思い止まる。この「**核保有による非対称的な抑止力**」**効果のため、米露政府は、自国の先制攻撃によって破壊できない移動式の核ミサイルを所有している核小国と戦争することを避ける**。つまり、アメリカの大統領が日本国民を守るために、移動式の核ミサイルをすでに所有している北朝鮮と核戦争することはあり得ない。

この問題に興味のある読者は、巻末の参考文献リストに挙げてあるアメリカの優秀な核戦略理論家、Bernard Brodie, Robert Jervis, Kenneth Waltz の著作をお読みになることを勧めたい。東大、京大、防衛大等で国際政治学を教えている親米保守の学者には、「アメリカの方が中国や北朝鮮よりも多くの核ミサイルを持っているから、アメリカが日本に提供している「核の傘」は有効である」と述べる者がいる。このような皮相な意見は、明らかに間違いである。彼らは、Asymmetrical Nuclear Deterrence の存在を無視した議論をしている。

核弾頭とは、「何万発も持っている国が、数百発しか持っていない国を恫喝して屈服させることができる」という性格の兵器ではないのである。核兵器はその殺傷能力が巨大であるが故に、**数十発の（移動式の）核弾頭を持つだけで、強力な戦争抑止効果を持つ**のである。その結果、「数千発の核弾頭を持ち、毎年七〇〇〇億ドルもの軍事予算を使っているアメリカが、その一〇〇分の一程度の軍事予算しか使っていない北朝鮮を攻撃できない」という奇怪な現象が生じている。アメリカが北朝鮮を先制攻撃し、それに対する報復として北朝鮮がアメリカの四つか五つの大都市を水爆弾頭で破壊すれば、あっという間に数千万の民間人が核焼滅する可能性がある。そのような巨大なリスクを冒してまで戦争しようとする米大統領はいない。移動式の核ミサイルを所有するということは、このような強力な戦争抑止力を手に入れることなのである。

極端に貧乏な小国ですら低コストの（移動式）核戦力を構築すれば、巨額の軍事予算を通常兵器に注ぎ込んで、十数隻の大型空母と数千機の長距離戦略爆撃機を所有している超軍事大国からの恫喝に対して、真正面から「NO！」と言えるようになる。当然のことながら世界に核保有国が増えれば増えるほど、米中露イスラエルのように何度も侵略戦争を行ってきた国が、他国を一方的に恫喝できる機会は減っていく。その結果、国際政治は多極化していく。冷戦期に米ソ両帝国が、同盟国の核保有を躍起になって妨害した理由もここにあった。米ソは表面的には政治イデオロギーの違いで激しく対立しているように見えたが、両国とも本音レベルでは「米ソ覇権による核独占体制」を、国際政治の二極構造を維持するために続けたかったのである。

１９９２年以降、「国際構造を一極化したい。アメリカだけが独占的に世界覇権を握りたい」と望んできた米政府が、日本とドイツの核保有を執拗に妨害してきた理由もここにある。アメリカは、中朝露の（移動式の）核ミサイルに包囲されている日本を故意にヴァルネラブル（脆弱）で危険な状態に置き続けても、自国の覇権的な地位を維持したいのである。

†しかしこのようにシニカルな対日政策は、２０３０年代になると破綻するだろう。その結

果、犠牲となるのは日本である。**東アジア地域のパワー・バランスが今後も変移し続ければ、ヴァルネラブルな非核保有国日本は、中華帝国の勢力圏に吸収されていく**可能性が高い。その場合、東アジア地域の支配に失敗した米政府と米軍は、さっさとグアム島以東に撤退すれば良いだけの話である。日本を見捨てても、アメリカは自国の平和と繁栄を十分確保できるからである。

ドゴールは1940年から69年まで一貫して、「国際政治の構造を多極化すべきだ」と主張していた。そして彼は、「仏政府が低コストの小規模な自主的核抑止力を構築すれば、フランスは米政府の保護を必要としなくなる。第二次世界大戦後の対米従属状態から脱出できる。そしてフランスは、国際政治の構造を多極化の方向に動かすことができる」と明瞭に理解していた。スタンレー・ホフマンによれば、

ドゴールは、自国の**小規模な核抑止力でも超大国の核戦力を無能化できる**こと、そして**そのような独立した戦争抑止力を持つことは、フランスの国際政治における独自の発言力と影響力を確保するために必要な条件である**ことを理解していた。彼は、「**フランスが核を持たなければ、フランスは永遠にアメリカの隷属国となる運**

命にある」と判断していたのである。

フランスが自主的な核抑止力を構築して国際政治を多極化していくことは、ドゴール外交にとって必須の条件なのであった。

ドゴールの国家哲学とキッシンジャーの予言

ドゴールは、彼独自の国家哲学の視点からも、核抑止力を持つ自主防衛政策を必要としていた。すでに説明したように、ドゴールにとって独立した国家とは、「インテグリティ、レジティマシー、責任感」という三つの要素を備えるべきものであった。そしてこれら三要素は（ドゴールやキッシンジャーやサミュエル・ハンティントンの考察によれば）、「自主防衛しない国家には、備わっていない」ものであった。

ドゴールは１９５９年、「**もしフランスの防衛を他の同盟国に依存するならば、そのようなフランスは国家ではなくなる。どの時代においても国家の raison d'être**（存在理由）**の第一は、自国の防衛である。したがって自国を防衛しない国は、そもそも国家とはいえない**」と述べていた。１９６１年の記者会見においてもドゴールは、「我々は、自国の運命を他の同盟国に任せておくなどという事態を、絶対に容認できない。たとえその同盟国が、我々に対してどれほど好意的であり友好的であるように見えても、**我々は自国の運命を同盟国に預けるわけにはいかない。他国の〝好意〟に依存するような国家は、自国の運命に対する責任感を失い、自国の国防政策に対して無関心になってしまうからだ**」と述べていた。

ドゴールは単に、米政府が〝親切に提供〟してあげると称していた「核の傘」の軍事的な信頼性と信憑性を疑っていただけではない。彼は、「自国の独立維持を、他国の政治家たちに任せておく」という（敗戦後の日本のような）国家の態度を、「そんなものは、国家ではない！」と確信していたのである。ドゴールの腹心の部下であったクーヴ・ド・ミュルヴィル外相も、「自主防衛しない国家は、独立国としての資格を持たない。そのような国の国民は、何の責任感も持てない国民となる」と述べていた。ドゴール内閣は、「自主核なければ、独立なし。独立なければ、国家にレジティマシーと責任感なし」と確信していたのである。

政治思想家であり戦略家であった**ドゴールが考案した国家哲学や外交思想と、敗戦後の日本の基本的な国策（いわゆる吉田外交）は、まさに正反対のものであった。**日本の安易な対米従属主義を軽蔑してきたキッシンジャーは、冷戦終了直後から、「**21世紀の国際政治はウィルソン的な国際協調体制ではなく、むしろドゴールが予測していたような「多極構造下におけるバランス・オブ・パワー体制」となるだろう**」と予言していた。そして最近の国際政治は実際に、ドゴールやキッシンジャーやケネス・ウォルツやサミュエル・ハンティントンが予言していた通り、**〝多極化と多文明化〟の方向に着々と進んでいる。**米政府や（対米従属主義の）日本政府が望んでいた「アメリカが君臨するグローバリスト的な一極体制」ではなく、「多極構造下のバランス・オブ・パワー体制」への移行が明らかになってきたのである。

日本が隷属国とならないために

もし護憲左翼と拝米保守の日本人が、今後も「自主防衛して、自国の運命に対して自分で責任をとる」という当たり前の義務を実行するつもりがないのなら、日本は米中朝露・四核武装国の熾烈なパワー・ポリティクスの荒波に呑まれて沈没していくだろう。今から一〇年後か二〇年後の東アジア地域のパワー・バランスは、「中国優位・米国劣位」となっている可能性が高い。このパワー・バランスのシフトが明瞭に顕在化すれば、

「オポチュニスティックなアメリカの政治家たちには、中国と軍事衝突してまで日本を守ろうとする意図などない。大部分のアメリカ国民は、東アジアの支配権をめぐって米中が大戦争することを望んでいない」という、当たり前の現実が明らかになるだろう。

敗戦後、アメリカの保護にひたすらしがみついてきた依存国家日本のRequiem（死者に捧げる鎮魂歌）が聴けるのも、もうすぐである。そして、そのような運命を避けたい日本人は、真剣な思考力を持つ哲人政治家であったシャルル・ドゴールの国家思想と外交戦略から、多くの貴重な教訓を学ぶことができる。

University Press, 1954
Taylor, A. J. P. *Bismarck: The Man and the Statesman,* Alfred Knopf, 1955
Taylor, A. J. P. *Europe: Grandeur and Decline,* Penguin Books, 1967
Thompson, William R. ed. *Great Power Rivalries,* University of South Carolina Press, 1999
Waltz, Kenneth N. *Man, the State and War,* Columbia University Press, 1959
Waltz, Kenneth N. and Scott Sagan, *The Spread of Nuclear Weapons,* W.W. Norton, 1995
Waltz, Kenneth N. *Realism and International Politics,* Routledge, 2008
Williams, Charles *The Last Great Frenchman: A Life of General de Gaulle,* Wiley, 1993
Zamoyski, Adam *Rites of Peace: the Fall of Napoleon and the Congress of Vienna,* Harper, 2008

Jervis, Robert *The Meaning of the Nuclear Revolution*, Cornell University Press, 1989
Kennedy, Paul *The Rise and Fall of the Great Powers*, Random House, 1987
Kennedy, Paul ed. *Grand Strategies in War and Peace*, Yale University Press, 1991
Kennan, George F. *The Decline of Bismarck's European Order*, Princeton University Press, 1979
Kennan, George F. *The Fateful Alliance: France, Russia and the Coming of the First World War*, Pantheon, 1984
Kennan, George F. *The Kennan Diaries*, W.W. Norton, 2014
Kissinger, Henry *A World Restored*, Houghton Mifflin, 1957
Kissinger, Henry *White House Years*, Little Brown, 1979
Kissinger, Henry *Years of Upheaval*, Little Brown, 1982
Kissinger, Henry *Diplomacy*, Simon & Schuster, 1994
Kissinger, Henry *Does America need a Foreign Policy?*, Simon & Schuster, 2001
Kissinger, Henry *World Order*, Penguin Press, 2014
Kolodziej, Edward A. *French International Policy under De Gaulle and Pompidou*, Cornell University Press, 1974
Lacouture, Jean *De Gaulle, I, II, III*, Seuil, 1965, 1969, 1970
Lawday, David *Napoleon's Master: A Life of Prince Talleyrand*, Thomas Dunne Books, 2007
LaFeber, Walter *America, Russia and the Cold War*, 9th ed, McGraw Hill, 2001
Leffler, Melvyn P. *A Preponderance of Power*, Stanford University Press, 1992
Malraux, André *Les chênes qu'on abat*, Gallimard, 1971
Morgenthau, Hans J. *In Defense of the National Interest*, Alfred Knopf, 1951
Nicolson, Harold *The Congress of Vienna*, Cassell Publishers, 1989
Orieux, Jean *Talleyrand ou le sphinx incompris*, Flammarion, 1970
Stern, Fritz *Gold and Iron: Bismarck, Bleichröder, and the Building of the German Empire*, Alfred Knopf, 1977
Taylor, A. J. P. *The Struggle for Mastery in Europe 1848~1918*, Oxford

参考文献

†本書を執筆するにあたって、以下の文献を参考にした。紙面を節約するため著作のみを記し、論文や随筆は割愛した。筆者は30年以上、外国で生活しているため、日本語の文献は使用しなかった。外国の文献ばかり掲載することを、御寛恕願いたい。

Brodie, Bernard *War and Politics*, Macmillan, 1973
Calleo, David *The German Problem Reconsidered: Germany and the World Order, 1870 to the Present*, Cambridge University Press, 1978
Calleo, David *Follies of Power: America's Unipolar Fantasy*, Cambridge University Press, 2009
Clark, Christopher *Iron Kingdom: The Rise and Downfall of Prussia, 1600-1947*, Harvard University Press, 2006
Dehio, Ludwig *The Precarious Balance: Four Centuries of the European Power Struggle*, Alfred Knopf, 1962
Cook, Don *Charles De Gaulle, A Biography*, Putnam, 1983
Cooper, Duff *Talleyrand*, Grove Press, 2001
Costigliola, Frank *France and the United States*, Twayne Publishers, 1992
De Gaulle, Charles, *Le Fil de l'épée*, Plon, 1971
De Gaulle, Charles, *Mémoires de guerre et mémoires d'espoir*, Plon, 2016
Eyck, Erich *Bismarck and the German Empire*, W.W. Norton, 1964
Gilpin, Robert *War and Change in World Politics*, Cambridge University Press, 1981
Gulick, Edward Vose *Europe's Classical Balance of Power*, W.W. Norton, 1967
Hoffmann, Stanley *Gulliver's Troubles*, McGraw-Hill, 1968
Hoffmann, Stanley *Decline or Renewal?: France since the 1930s*, Viking Press, 1974
Jervis, Robert *The Illogic of American Nuclear Strategy*, Cornell University Press, 1984

中公新書ラクレ
677

歴《れき》史《し》に残《のこ》る外《がい》交《こう》三《さん》賢《けん》人《じん》

ビスマルク、タレーラン、ドゴール

2020年2月10日初版
2022年9月5日再版

著者……伊《い》藤《とう》 貫《かん》

発行者……安部順一
発行所……中央公論新社
〒100-8152 東京都千代田区大手町1-7-1
電話……販売 03-5299-1730　編集 03-5299-1870
URL https://www.chuko.co.jp/

本文印刷……三晃印刷
カバー印刷……大熊整美堂
製本……小泉製本

Published by CHUOKORON-SHINSHA, INC.
Printed in Japan　ISBN978-4-12-150677-1　C1231

中公新書ラクレ　好評既刊

L615 「保守」のゆくえ

佐伯啓思 著

世界の無秩序化が進み日本も方向を見失っている今、私たちは「保守とは何か」を確認する必要に迫られている。そのなかで成熟した保守思想の意味を問い直し、その深みを味わいある文章で著したのが本書だ。「保守主義は政治の一部エリートのものではない。それは自国の伝統にある上質なものへの敬意と、それを守る日常的な営みによって支えられる」と著者は述べる。本書が見せる保守思想へのまなざしは、時に厳しくもまた柔軟で人間味豊かだ。

L639 米中衝突
――危機の日米同盟と朝鮮半島

手嶋龍一＋佐藤　優 著

米朝首脳会談を通じて「恋に落ちた」と金正恩を讃えるトランプ。北朝鮮の背後にあって「海洋強国」を目指す習近平の中国。朝鮮半島は中華圏に引き寄せられ、日本は米中衝突の最前線で烈風に曝されつつある。「米朝開戦か！」と騒がれていた２０１７年秋、早くも「米朝はいずれ結ぶ」と言い当てたインテリジェンスの巨匠２人が、「新アチソンライン」という新たな視座とともに提示する驚愕のシナリオとは。日本の危機を直視せよ！

L648 日中の失敗の本質
――新時代の中国との付き合い方

宮本雄二 著

米中が衝突のコースを歩み始めた中、不確定で不愉快な外交リスクが到来。トランプの登場は「アメリカの時代」の終わりの始まりなのか？　習近平が謳い上げた「中国の夢」「一帯一路」をどう読むか？　21世紀に入り、日中はともに相手国の把握に「失敗」してきた。私たちは危ういジレンマに直面する中国を認識した上で、失敗にピリオドをうち、そろそろ新時代の付き合い方を構想すべきである。「習近平の中国」を知悉する元大使による一級の分析。